现代造船精度控制及测量技术

张雪彪　编著

科学出版社
北京

内 容 简 介

本书主要讲述船舶建造过程中的精度控制及测量技术，首先介绍造船精度控制技术的发展、统计学理论在精度控制技术方面的应用、过程能力分析和积累误差等造船精度控制技术的基本概念和理论；然后重点阐述基本的船体建造精度控制过程、舾装精度控制技术和船舶焊接技术的相关问题等，对造船测量技术的发展和应用进行细致的描述；最后，从造船质量管理的角度出发，对造船精度控制中的质量管理技术进行重点介绍。

本书主要面向船舶与海洋工程专业的高年级学生，也可供造船厂的相关技术人员、工人参考，以熟悉现代造船的精度控制技术及造船质量管理技术。本书可作为船舶与海洋工程专业的本科生、研究生等的教材。

图书在版编目(CIP)数据

现代造船精度控制及测量技术 / 张雪彪编著. —北京：科学出版社，2019.6

ISBN 978-7-03-059099-2

Ⅰ. ①现… Ⅱ. ①张… Ⅲ. ①造船-精度控制-技术 Ⅳ. ①U671

中国版本图书馆 CIP 数据核字（2018）第 236592 号

责任编辑：杨慎欣 常友丽 / 责任校对：张小霞

责任印制：吴兆东 / 封面设计：无极书装

科学出版社 出版

北京东黄城根北街 16 号

邮政编码：100717

http://www.sciencep.com

北京厚诚则铭印刷科技有限公司印刷

科学出版社发行 各地新华书店经销

*

2019 年 6 月第 一 版 开本：720×1000 1/16

2024 年 7 月第三次印刷 印张：13 1/4

字数：267 000

定价：48.00 元

（如有印装质量问题，我社负责调换）

前言

船舶制造业目前是我国具有综合优势、较早参与国际竞争并取得优异成绩的产业之一。近年来，我国对外贸易蓬勃发展，对海洋空间和资源的依赖程度大幅提高，发展海洋经济、建设“海洋强国”已成为我国经济再上新台阶的必然选择。

船舶与海洋工程装备制造也是建设“海洋强国”的重要基石。在国际航运和造船市场未真正回暖的情况下，根据英国克拉克松研究公司数据，近 5 年来，中国造船业新接订单量、手持订单量均稳居世界第一。2018 年上半年，中国造船业三大指标再次站稳世界第一的位置。中国正在由造船大国向造船强国迈进。

船厂的产品特点是多品种、小批量，产品结构和材料变化频繁。近年来，随着现代造船模式的深度推进，船舶建造技术和装备也有了很大的进步，其中，船舶建造的精度控制技术越来越得到骨干船厂的重视。造船精度控制技术不仅可以提高船舶建造的质量，而且能够大大提高造船生产效率，减少耗费，缩短船坞周期，对于提高船厂竞争力具有关键性的作用。三维全站仪搭配精度控制软件的工程应用使得船舶尺寸精度的测量进入数字化应用阶段。

从专业角度看，造船精度控制技术贯穿于船舶制造的整个过程，它体现一个船厂的造船工艺水准。只有造船精度控制技术做得好，才可以实现真正的无余量造船，达到最大限度减少焊接作业的现场修整工作量，提高工作效率，缩短船舶建造周期，保证产品品质，改善生产安全状况，提高船厂的市场竞争力。每个船厂都有自己的企业精度管理体系，在造船工艺标准化后形成稳定的工艺流程，结构件的尺寸经测量后得到原始数据，经统计形成基础的管理和技术数据，这个过程逐渐由船体向舾装工艺过渡，从而实现制造过程的数据统计、工艺方法的分析和过程管理的反馈，最终形成企业基础的管理数据和技术数据，指导生产设计、建造管理及施工作业。本书详细讲述现代造船过程中的精度控制技术，对于国内造船界的工程技术人员具有重要的参考价值。

从教学角度看，本书系统而全面地讲述造船精度控制技术的内容。因为精度控制技术属于船厂的关键技术，从培养造船人的角度出发，教材的有无直接影响到教学效果和质量。船舶与海洋工程专业的高年级课程应该充分反映船厂造船技术的革新，因此编写一本精度控制方面的书籍是非常必要的。

基于上述船舶与海洋工程专业的现状和教学实际情况，本书以图文并茂的形式，较为全面地阐述现代船舶建造工业中采用的先进造船工艺及其精度控制技术，以造船精度标准为基本准则，以数理统计为理论基础，重点讲述船厂船舶产品尺寸精度控制用到的测量技术、科学的精度管理方法和先进的工艺手段，对与船体建造密切相关的舾装工艺的精度控制也进行了介绍。考虑到精度控制技术与焊接技术紧密相关，本书对造船高效焊接技术和与精度控制有关的焊接技术问题也进行了讨论。

本书编著者多年来一直从事造船工艺及造船精度控制技术的教学工作，为了给学生一个系统性的学习过程，在船厂技术调研和文献检索的基础上编著此书，主要服务于船舶与海洋工程专业的学生，拓展学生知识面，熟悉现代造船企业的精度控制技术及造船质量管理技术。同时培养学生对造船精度数据进行处理、分析的能力，并且使其熟悉数理统计方法和质量管理方法在造船精度控制方面的应用。

本书编著者在教学过程中聘请大连船舶重工集团有限公司从事精度控制的工程技术人员作为企业专家，承担了部分教学任务。企业专家参与确定了本书的编写思路和各章节内容，保证了本书的工程性和可靠性，在此谨致以诚挚的谢意！

本书得到大连理工大学研究生院教改基金（项目号：Jg2017021）和船舶工程学院的出版资助，在此表示感谢。同时，大连船舶重工集团有限公司精度科对教材的编写提出了很多宝贵意见，在此致以衷心感谢！在编写过程中，编著者尽可能收集整理国内船厂的相关技术资料和最新的精度控制技术，在这里向提供相关资料的单位和人员致以衷心的感谢！

受水平所限，书中不妥之处在所难免，诚恳希望同行专家批评指正。

作者

2018 年 5 月

目录

1　造船精度控制的概念

造船精度控制基于统计质量控制，被定义为减少过程和产品的变异性。在船舶制造业，精度控制意味着使用统计技术去监测、控制和持续地提高造船生产设计的各个细节和工艺方法以减少误差和最大化生产效率[1]。精度控制过程需要每个人都积极参与才能确保成功。这意味着上至管理层，下至工程人员，甚至包括所有的办公室人员都要积极参与。在船厂内部，为了实现长期的精度控制，必须进行企业文化的变革。

一般来讲，造船行业中精度控制的含义就是尺寸精度管理，也称尺寸精度控制（dimensional accuracy control）。从管理的形式上，精度管理分为主动精度管理和被动精度管理两种。

主动精度管理：在设计、下料、装配、焊接等分段生产的全部过程中，事先进行一系列预防分段变形的措施，如设计分段补偿量、钢材矫正、反变形的加放、优化焊接顺序、改善施工方法等。

被动精度管理：在组立或搭载过程中，利用各种测量仪器对制造偏差进行测量和监测，对已经发生变形的分段进行控制，如受力变形、垂直度、超差修复等，采用火工矫正的办法矫正变形，焊接强力背板，切割余量部分等。

在实际的造船生产过程中，各生产单位有目的地收集现场测量的尺寸数据，通过数据统计与分析发现系统性问题的存在，从而制定解决方案并返回施工工序中实施，这种反复的分析与改进，能做到精度问题的持续改进。

精度控制的意义[2]：①保证船体的主尺寸和形位误差在允许范围内，保证船舶的载重量和航速符合船东的要求；②能够控制船体结构错位在允许范围内，保证船舶的强度和安全；③提高船体分段下船坞的定位效率，缩短造船周期，最大限度地减少装焊作业的现场修整工作量，提高劳动效率，降低人力成本；④提高钢材利用率，降低材料成本；⑤能够减少结构修整，高空作业平地做，从而改善工作环境，保证生产工人的安全和健康。

1.1 造船精度控制技术的发展

造船精度控制是船舶制造过程中一项十分重要的工作，其贯穿于船舶制造的整个过程。造船精度控制的主要任务是以造船精度标准为基本准则，运用科学的管理方式及先进的技术手段，对造船的全过程进行尺寸精度控制。通过精度控制，可提高船舶建造质量与效率，降低生产成本。精度控制的核心是“测量、控制、管理”[3]。测量手段的提高是减少建造过程各阶段积累误差的基础。控制包括两部分：一是采用新技术，通过研制新生产设备减小误差，提高生产效率；二是通过制定合理的工艺过程，深入研究各阶段建造误差产生的原因，并采取相应的措施来减小误差。管理是指从宏观角度对“测量”与“控制”的数据、人员和资源等各方面进行疏导，使整个建造过程顺畅进行。理想的精度控制是结合具体造船工艺，施行船舶建造全生命周期的控制与管理，即从最初的钢板下料到搭载阶段，都有严格的精度控制手段和管理措施。

国外造船精度控制技术经历了一个不断发展、完善与提高的过程。从工艺技术方面，船体建造精度控制经历了三个发展阶段[4]。

（1）分段上船台前进行预修整，以适应船台装配的尺寸精度要求（即分段无余量上船台装配）。

（2）平直分段进行建造全过程尺寸精度控制与曲面分段进行预修整后上船台相结合。

（3）对全船所有分段进行建造全过程的尺寸精度控制。

这三个发展阶段反映了国外造船精度控制技术所采用的三种工艺方法。日本的造船补偿量精度控制技术在19世纪70年代就已经发展成熟[5]，通过生产实践积累经验，用经验数值或公式解决热变形的补偿量问题，所有的分段都已经做到无余量。截至2014年，日本、韩国造船企业几乎达到分段100%无余量上船台[6]，除艉柱分段外，所有分段精度控制成功率为80%～95%，大合拢间隙基本控制在5mm±3mm，最大为12mm。

1975年初，国内开始研究和推行精度造船[7]，上海地区的中华造船厂、沪东造船厂、江南造船厂，大连地区的大连造船厂等成立课题组研究精度造船，主要推广激光经纬仪进行检测和划线，同时应用分段预修整（无余量）上船台装配的船体建造精度控制技术。到1982年，这些造船厂取得了一定的成就，实现了货舱区分段精度造船，艏艉分段预修整后上船台。

进入20世纪90年代，船舶公司在巩固已经取得的成绩基础上，不断加深应用范围，取得了较好的效益，比如大连船舶重工[8]1996年船台无余量合拢比例达到42%，修整率为12%，垫板率为6%。2000年以后，各造船厂在继续推进船体建造精度技术的同时，逐步向舾装领域扩展，贯穿了造船的全过程。其标志性技术有以下几方面。

（1）船体建造精度管理的图纸（文件）形式、方法、流程等已经基本固化。

（2）全船结构零件无余量下料比例在80%以上。

（3）平直立体分段基本实现了胎架上无余量装配。

（4）铁舾件无余量下料与安装比例在80%左右；对分段预装的管子实施精度控制，并逐步取消分段大合拢缝处的“嵌补管”。

（5）弯管无余量下料在 70%以上。

（6）2005 年分段无余量制造比例达到 62.5%，无余量合拢比例达到 93.3%；突破了双斜切分段无余量划线技术。

2008 年后，造船业受金融危机影响，国内骨干造船企业为推行现代造船模式，实现精益造船，同时为应对船舶专用海水压载舱和散货船双舷侧处所保护涂层性能标准（performance standard of protective coatings，PSPC）规范，先后成立精度管理部门。精度控制取得较好效果的船厂已经做到了从生产设计开始将精度信息反映到工作图上[9]，比如补偿量值的加放值，精度控制水平已经基本达到内部构件无余量下料，全船分段无余量上船台合拢。

精度控制水平一般的船厂通过引进数字化测量设备和分析软件，比如使用全站仪及其配套软件系统对分段、总段进行三维测量和数据分析，采用模拟合拢的办法对上船台前的分段、总段进行预修整，达到无余量上船台，这主要体现在结果的管理上，并没有实现完整的造船全过程的精度控制。

在造船模式方面[6]，2014 年中国造船行业的整体水平大致处于日本、韩国 20 世纪 90 年代中期水平，由传统的“分段制造”向“分道建造”过渡阶段，而日本、韩国造船企业已经处于壳舾涂一体化的“集成制造”阶段。在钢材利用率方面，日本、韩国等国造船企业对原材料的利用率超过 90%，中国为 85%～88%。在区域涂装（产品库求购供应）技术方面，中国船舶涂装工时消耗率为 0.85h/m^2，日本则为 0.25h/m^2，油漆（产品库求购供应）材料消耗是日本的 1.24 倍。在区域舾装（产品库求购供应）技术方面，日本、韩国的预舾装率为 95%左右，中国为 70%。

尽管我国在精度造船方面取得了一定成绩，但是与世界先进的造船强国相比还有一定差距，生产组织和现场管理水平还有待提高。

1.2 精度控制的统计学理论

产品质量特性的变化是不可避免的。因为这种变化，我们需要确定产品质量是否是可信赖的。更进一步地说，我们需要决定产品的生产过程是否处于可控状态。下面以一个简单的例子来解释该问题的解决办法。

例 1.1 假定一个肋骨的设计长度是 7307mm，见图 1.1。设计长度 7307mm 在精度控制理论中被称作目标值。然而，在切割加工过程中，型材零件不可能恰巧都是 7307mm，假定第一批的 5 根型材的长度是 7297mm、7257mm、7327mm、7277mm、7347mm。

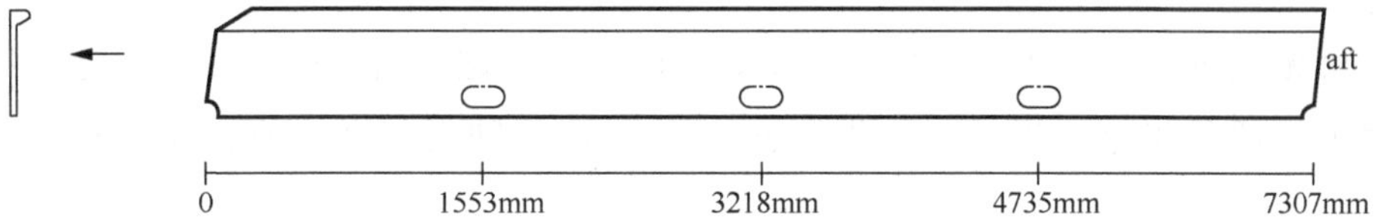

图 1.1 型材零件

aft：船尾

在生产完这 5 根型材后，会有几个问题：这个机器的工作是正常的吗？完成切割工作的工人的能力足够吗？在不改变任何生产条件的情况下我们能够继续生产这个型材吗？理解了精度控制理论后，能够很容易地回答这些问题。

1.2.1 基本的统计概念

1. 真值

真值是指在某一时刻和某一状态下，某量的客观值或实际值。真值一般是未知的，但从相对的意义上来说，真值又是已知的。如上面测量出的 5 根型材的长度就是真值。

在统计学中，平均值是指任何样本数量为 n 的随机样本的平均值。假定切割型材的过程有同样的目标长度，测量 n 个样本，每个样本的长度分别为 $x_1,x_2,x_3,\cdots,x_n$。因此，均值为

$$\overline{x}=\frac{\sum_{i=1}^{n}x_i}{n} \tag{1.1}$$

在上述的例子中，首批 5 根型材的平均值为

$$\overline{x}=\frac{\sum_{i=1}^{n}x_i}{n}=\frac{7297+7257+7327+7277+7347}{5}=7301\text{mm}$$

在统计学中，试验值与真值之差称为绝对误差，即

绝对误差=试验值-真值

可见绝对误差反映了试验值偏离真值的大小，这个偏差可正可负。通常所说的误差一般是指绝对误差。如果用 x 、 x_t 、 Δx 分别表示试验值、真值和绝对误差，则有

$$\Delta x = x - x_t \tag{1.2}$$

绝对误差虽然在一定条件下能反映试验的准确程度，但还不全面。例如，利用标准长度为 100m 的钢卷尺测量船舶首尾柱之间的 90m 距离，若测量的绝对误差为 15mm，即 0.167mm/m 的误差，则这次测量的准确程度是很高的；如果用钢尺测量对接焊缝之间的 8mm 间隙，测量的绝对误差为 1mm，显然这个测量是十分粗糙的。为了较好地反映近似值的精确程度，必须考虑绝对误差与真值之间的比值，即相对误差：

$$\text{相对误差}=\frac{\text{绝对误差}}{\text{真值}}$$

如果用 E_R 表示相对误差，则有

$$E_R=\frac{\Delta x}{x_t}=\frac{x-x_t}{x_t} \tag{1.3}$$

或者

$$E_R = \frac{\Delta x}{x_t} \times 100\% \tag{1.4}$$

显而易见，一般$|E_R|$小的实验值精度较高。

在精度控制理论中，数据经常以子样的形式进行采样。例 1.2 显示了数据采样时子组的应用情况，表 1.1 显示了 10 组子样，每组是 5 个测量值，是某个机械过程生产的零件尺寸。

例 1.2

表 1.1　某个机械过程生产的零件尺寸

子组数	测量值					平均值 $\bar{x}$
	x_1	x_2	x_3	x_4	x_5	
1	15.0	15.1	15.2	15.9	15.1	15.3
2	15.8	15.3	15.0	15.2	15.0	15.3
3	15.2	15.0	15.3	15.0	15.3	15.2
4	15.1	15.6	15.6	14.9	14.7	15.2
5	15.9	15.7	15.1	14.8	14.5	15.2
6	14.7	14.8	14.9	14.5	15.5	14.9
7	14.8	14.5	14.2	15.1	15.0	14.7
8	15.5	14.2	14.6	15.5	14.7	14.9
9	15.6	14.9	15.8	15.6	14.2	15.2
10	15.3	14.9	15.2	15.1	14.2	14.9

对于每个子组，计算这些单个数据点的平均值$\bar{x}$。这些子组均值反映了子组的统计规律状态，而所有测量值的平均值$\bar{\bar{x}}$反映的是所有样本点的统计平均值。因此，$\bar{\bar{x}} = \frac{\sum_{i=1}^{n} \bar{x}_i}{n}$。

2. 标准差

基于均值，标准差是另一个重要的来自于原始数据的统计参数。当试验次数 n 无穷大时，称为总体（population）标准差。标准差描述了观察数据在均值周围的

分布情况，它的定义是

$$\sigma = \sqrt{\frac{\sum_{i=1}^{n}(x_i - \bar{x})^2}{n}} \tag{1.5}$$

但在实际的应用中，试验次数一般为有限次，于是又有样本（sample）标准差，其定义为

$$s = \sqrt{\frac{\sum_{i=1}^{n}(x_i - \bar{x})^2}{n-1}} \tag{1.6}$$

标准差不但与一组试验值中每一个数据有关，而且对其中较大或较小的误差敏感性很强，能明显地反映出较大的个别误差。它常用来表示试验值的精度，标准差越小，试验数据精密度越好。

如果标准差是小的，意味着观察数据倾向于在均值周围集中；如果标准差是大的，那么观察数据倾向于在远离均值点处分散分布。图 1.2 显示了小标准差和大标准差的对比。

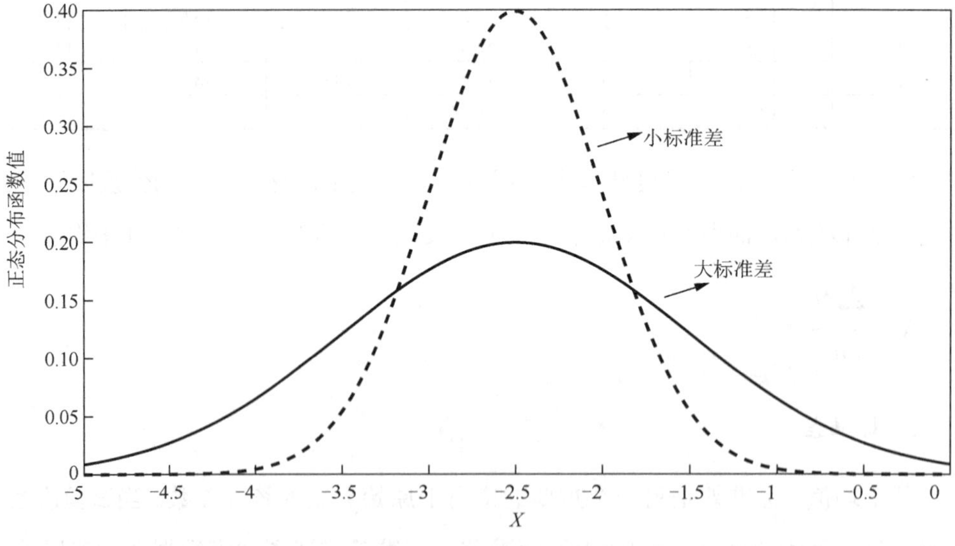

图 1.2　标准差的对比

考虑上面例 1.1 中肋骨切割下料的例子。假定设计长度是 7307mm，现场有两组测量数据。观测值如下：

第一组：7322mm、7262mm、7332mm、7282mm、7337mm。

第二组：7312mm、7302mm、7292mm、7317mm、7312mm。

这两组数据的均值都是 7307mm。因此考虑设计长度是 7307mm，哪一组数据是更好的呢？直观地说，可以猜测第二组是比第一组更好的，因为这一组中每个观测值都比第一组靠近设计值 7307mm。下面通过计算标准差来确认这一点：

$$s_1 = \sqrt{\frac{(7322-7307)^2+(7262-7307)^2+(7332-7307)^2+(7282-7307)^2+(7337-7307)^2}{5-1}}$$
$$=33.17$$

$$s_2 = \sqrt{\frac{(7312-7307)^2+(7302-7307)^2+(7292-7307)^2+(7317-7307)^2+(7312-7307)^2}{5-1}}$$
$$=10.00$$

上述计算清晰地说明第二组的标准差小于第一组的。

3. 正态分布

正态分布在精度控制理论中是最重要的统计分布，又称为钟形曲线或高斯曲线。概率分布函数是

$$f(x)=\frac{1}{\sigma\sqrt{2\pi}}\mathrm{e}^{-\frac{1}{2}(\frac{x-\mu}{\sigma})^2} \quad -\infty < x < +\infty \tag{1.7}$$

正态分布被定义为两个参数——均值 μ 和标准差 σ 的函数，它的曲线完全是关于均值 μ 对称的。一般地，我们使用 $N(\mu,\sigma^2)$ 来表示正态分布。例如，图 1.3 中的曲线 $N(3,2^2)$，曲线是关于均值 3 对称的。

数理统计书籍中称均值为 0、标准差为 1 的正态分布为标准正态分布。我们使用 $Z(0,1)$ 来表示标准正态分布，又称为 Z 分布。标准正态分布的密度函数为

$$\phi(u)=\frac{1}{\sqrt{2\pi}}\mathrm{e}^{-\frac{u^2}{2}} \tag{1.8}$$

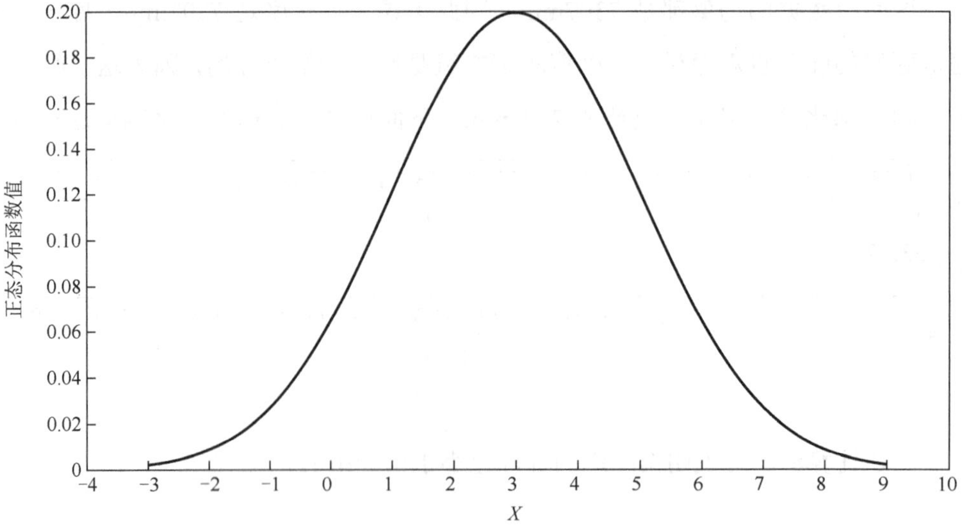

图 1.3　正态分布曲线

标准正态分布可用于计算零件在误差范围内的百分数，由此其密度函数及面积（或概率）的计算可大大简化。对于一个给定的正态分布，首先需要将它转换为标准正态分布，然后通过表格计算出误差范围内的概率。在过去，因为计算能力的限制，直接计算一个给定正态分布的概率值是不方便的。这也是人们要把表格做成标准正态分布的原因，任何给定的正态分布首先需要转换成标准正态分布。然而，随着计算机技术的发展，现在计算任何一个正态分布的概率值都是很容易的，如使用软件 Excel 等。

例 1.3 已知某随机变量 X 服从 $N(\mu,\sigma^2)$ 正态分布，试分别计算 X 落在 $\mu\pm3\sigma$ 内和 $\mu\pm3\sigma$ 外的概率。

解：

$$
\begin{aligned}
&P(\mu-3\sigma\leqslant X<\mu+3\sigma)\\
&=\varphi\left(\frac{\mu+3\sigma-\mu}{\sigma}\right)-\varphi\left(\frac{\mu-3\sigma-\mu}{\sigma}\right)\\
&=\varphi(3.0)-\varphi(-3.0)\\
&=0.9987-0.00135\\
&\approx 0.9973\\
&=99.73\%
\end{aligned}
$$

则 X 落在 $\mu\pm3\sigma$ 内的概率为 99.73%，而落在 $\mu\pm3\sigma$ 外的概率为 1−99.73%=0.27%。可见在具有正态分布特征的数据中，数据落在 $\mu\pm3\sigma$ 外的概率是很小的，可视为小概率事件，因此，数据中一旦出现 $\mu\pm3\sigma$ 以外的数据，根据 3σ 准则，即可将其认为是可疑数据而将其剔除。

正态随机变量中的三个重要的概率值分别是

$$
\begin{aligned}
&P(\mu-\sigma\leqslant X<\mu+\sigma)=0.6826\\
&P(\mu-2\sigma\leqslant X<\mu+2\sigma)=0.9545\\
&P(\mu-3\sigma\leqslant X<\mu+3\sigma)=0.9973
\end{aligned}
$$

以标准正态分布为例，图 1.4 绘出了标准正态分布 $N(0,1^2)$ 的分布规律，此时 $\sigma=1$。

4. 中心极限定理

在精度控制中，在进行数据分析时人们希望数据服从正态分布。尽管大多数的制造过程是服从正态分布的，然而有一些并不是。中心极限定理能够解决这个问题。中心极限定理是概率理论的一个基本定理，中心极限定理在统计方面的应用是非常重要的，下面以一个简单的方式解释该定理。

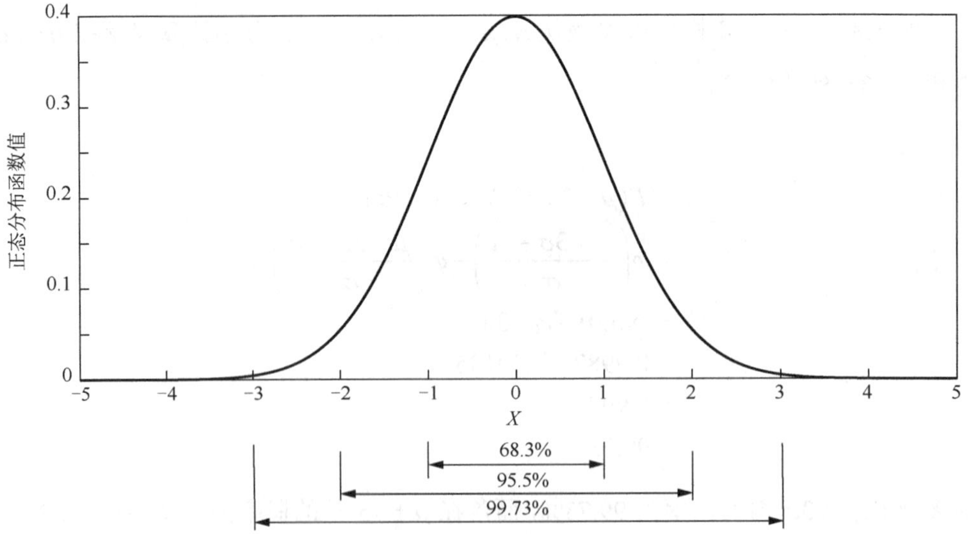

图 1.4　标准正态分布的概率密度曲线

对于任何随机变量 w，不管它服从什么分布，如果人们从分布中采取随机样本，计算每个随机样本的均值，则可以得到这些随机样本均值 $\overline{w}$ 的分布，新的分布有下列特征。

（1）它是正态分布。

（2）新的分布的均值和原来的分布的均值是相同的：

$$\mu_w = \mu_{\overline{w}}$$

（3）新的分布的标准差与原来分布的标准差是相关的，基于样本尺寸乘以一个系数可以得到

$$\sigma_{\overline{w}} = \sigma_w / \sqrt{n}$$

在上述特征（2）中，如果人们不知道制造过程的准确分布，通过计算 $\overline{x}$ 可以知道它服从正态分布。

这样，通过中心极限定理和样本计划，人们很容易将任何分布转换为正态分布，从而利用所有正态分布的特征。

1.2.2 统计过程控制

1. 质量波动及其原因分析

1）质量特性值的波动性

某个工人用同一批原材料在同一台机器设备上所生产出来的同一种零件，其质量特性值不会完全一样，这就是人们常说的产品质量特性值有波动（或称分散、差异）的现象。这种现象反映了产品质量具有“波动性”这个特点[10]。

2）造成质量波动的 5M1E

造成产品质量波动的原因主要有六个方面：

（1）人（man）。操作者对质量的认识、技术熟练程度、身体状况等。

（2）机器（machine）。机器设备、工夹具的精度和维护保养状况等。

（3）材料（material）。材料的成分、物理性能和化学性能等。

（4）方法（method）。这里包括加工工艺、工装选择、操作规程等。

（5）测量方法（measurement）。工件或尺寸的测量方法等。

（6）环境（environment）。工作地的温度、湿度、照明和清洁条件等。

由于这六个因素的英文名称的第一个字母是 M 和 E，所以常简称为 5M1E。首先，了解影响生产过程波动的两类因素：偶然因素和异常因素。

1924 年，美国统计学家休哈特（W. A. Shewhart）创立了统计过程控制理论[9]，提出了休哈特控制图，其作用是防患于未然，及时发现生产的缺陷。他把质量波动分为随机波动和异常波动两类，并指出应采取不同的策略加以对待。他认为引起波动的原因有两种：偶然因素和异常因素。偶然因素引起质量的随机波动，异常因素引起质量的异常（系统）波动。

生产实践证明，无论用多么精密的设备和工具，以及多么高超的操作技术，甚至由同一操作工在同一设备上用相同的工具和相同的材料生产的同种产品，其加工后的质量特性也总是有差异的，这种差异即称为波动，也称为变差。公差制度实际上是对这个事实的客观承认。

偶然因素：波动是自然产生的。也就是说，尽管过程是经过精心设计和维护的，自然的变化却是客观存在的。如操作方法的微小变动、切割设备的正常磨损、材质上的微量差异等。在这样的情况下生产过程依然是“统计可控的”。即如果这个过程能够被图形化为钟形曲线，则该过程服从正态分布，大多数的数据点（99.73%）将落在 6σ 区域内。

异常因素：波动是由特殊原因造成的。如原材料不合格、设备出现故障、工夹具不良、操作者不熟练等。如果存在特殊原因，该过程将无规律分布，过程性能是不能预测和重复的。在这种情况下，该过程就是“非统计可控的”。

在精度控制理论中，一个最重要的技术工具是统计过程控制（statistical process control，SPC）。统计过程控制是一种借助数理统计方法的过程控制工具，集中于在线统计质量控制。它对生产过程进行分析评价，根据反馈信息及时发现系统性因素出现的征兆，并采取措施消除其影响，使过程维持在仅受随机性因素影响的受控状态，以达到控制质量的目的。

它可以取代制造完工后的质量检查，进行在线统计质量控制。事实上，SPC 不但控制过程，而且也有能力提高过程质量。通过分析过程数据本身，SPC 能够作为一个强有力的工具来减小过程的变异，获得稳定的过程。本节将集中介绍统计过程控制图的基本概念和基本作用。

（1）分析质量形成过程的状态，看工序或质量形成过程是否处于稳定。如不稳定，应找出其原因，采取措施，控制引起质量波动的因素，使工序或过程达到稳定。

（2）预防不良品的产生等。

一旦一个过程达到统计可控，大多数情况下这个过程就是可预测的，并且以可重复的模式进行操作。偶然地，一些异常原因的出现引起了过程脱离控制。如果这样的特殊原因不能被探测或者消除，过程将持续脱离控制，产品质量将超出限制。因此，一旦特殊原因出现了，确定特殊原因就显得非常重要。控制图就是一个能够快速发现引起过程波动的异常原因的快速而强有力的工具。尽管控制图本身不能识别异常原因是什么，但是它能够马上帮我们找出异常原因存在的地方。操作者可以停止脱离控制的过程，分析异常原因的根源，消除这些异常因素，使得过程再度可控。

2. 控制图

休哈特控制图被认为是统计质量控制中最流行的工具。控制图用于区分随机波动和异常波动。图 1.5 显示了一个典型的控制图。

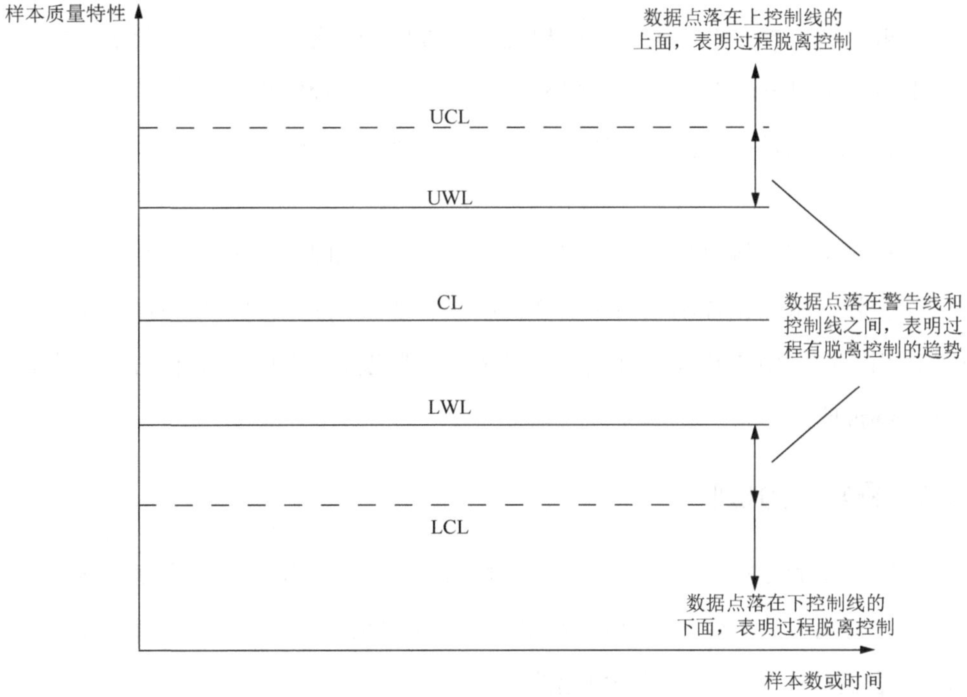

图 1.5　控制图中的主要组分

中心线（CL）：所有数据的平均值。

上控制线（UCL）：距离中心线 3 倍标准差（ 3σ ）的线。

下控制线（LCL）：距离中心线 3 倍标准差（ -3σ ）的线。

上警告线（UWL）：距离中心线 2 倍标准差（ 2σ ）的线。

下警告线（LWL）：距离中心线 2 倍标准差（ -2σ ）的线。

基于正态曲线的分布特征，99.73%的数据点会落在 6σ 范围内。因此，1000 个点当中会有 997 个点落在上下控制线之间。如果数据点落在上下控制线之外，就能够认为过程是脱离控制状态的。如果点是落在警告线和控制线内，则说明过程有脱离控制的趋势。在这种情况下，需要收集更多的数据，并观察这些特殊因素存在的额外原因。

一般来说，控制图上的点反映出过程受控的稳定程度。当过程处于受控状态时，其点就随机分散在中心线两侧附近，而接近上下控制界限的点较少。

如点未越出控制界限，且在控制界限内排列没有缺陷，则可认为过程基本上处于受控状态。

以一个数值比例测量的质量特征被称为变量。如果控制图经常用于监测和控制一个变量，那么该控制图叫作变量控制图。变量控制图包括均值图和极差图。均值图用于控制中心趋势，极差图用于控制分散度。控制图的制作方法将在第 6 章作详细说明。

1.2.3 异常值的检验

在整理试验数据时，往往会遇到这种情况，即在一组试验数据里，发现少数几个偏差特别大的可疑数据，这类数据又称为离群值（outlier）或异常值（exceptional data），它们往往是由过失误差引起的。

对于偏差大的异常数据的取舍一定要慎重，一般处理原则如下。

（1）在试验过程中，若发现异常数据，应停止试验，分析原因，及时纠正错误。

（2）试验结束后，在分析试验结果时，如发现异常数据，则应先找出产生差异的原因，再对其进行取舍。

（3）在分析试验结果时，如不清楚产生异常值的确切原因，则应对数据进行统计处理，常见的统计方法有拉依达检验法、格拉布斯检验法、狄克逊检验法、肖维勒检验法、奈尔检验法和 t 检验法等，若数据较少，则可重做一组数据。

（4）对于舍去的数据，在试验报告中应注明舍去的原因或所选用的统计方法。

总之，对待可疑数据要慎重，不能任意抛弃和修改。通过对可疑数据的考察，往往可以发现引起系统误差的原因，进而改进试验方法，有时甚至得到新试验方法的线索。

下面介绍三种检验可疑数据的统计方法[11]。

1. 拉依达检验法

如果可疑数据 x_p 与试验数据的算术平均值 $\bar{x}$ 的偏差的绝对值 $|d_p|$ 大于三倍（或两倍）的标准差，即

$$|d_p| = |x_p - \bar{x}| > 3s \text{ 或 } 2s$$

则应将 x_p 从该组试验值中剔除，至于选择 $3s$ 还是 $2s$ 与显著性水平 a 有关。$3s$ 相对于显著性水平 $a = 0.01$，$2s$ 相对于显著性水平 $a = 0.05$。

例 1.4 有一组分析测试数据：0.128、0.129、0.131、0.133、0.135、0.138、0.141、0.142、0.145、0.148、0.167。问其中偏差较大的 0.167 这一数据是否应被舍去（$a = 0.01$）。

解：计算 $\bar{x}$ 和 s：

$$\bar{x} = 0.140\text{，}\quad s = 0.01116$$

计算偏差

$$|d_p| = |x_p - \overline{x}| = |0.167 - 0.140| = 0.027$$

$$3s = 3 \times 0.01116 = 0.0335 > 0.027$$

故按照拉依达准则，当 $a = 0.01$ 时，0.167 这一可疑值不应舍去。

拉依达检验法方法简单，无须查表，使用方便。该检验法适用于试验次数较多或要求不高时，这是因为，当 $n < 10$ 时，用 $3s$ 作界限，即使有异常数据也无法剔除；若用 $2s$ 作界限，则 5 以内的试验次数无法舍去异常数据。

2. 格拉布斯检验法

用格拉布斯准则检验可疑数据 x_p 时，若

$$|d_p| = |x_p - \overline{x}| > G_{(a,n)}s$$

则应将 x_p 从该组试验值中剔除。这里的 $G_{(a,n)}$ 称为格拉布斯检验临界值，它与试验次数 n 及给定的显著性水平 a 有关，附录 1.1 给出了 $G_{(a,n)}$ 的数值。

例 1.5 用游标卡尺测定某零件上两点之间的距离，8 次平行测定数据如下：100.29、100.33、100.38、100.40、99.56、100.16、100.52、100.79。试问是否有数据应被剔除。

解：

（1）检验 99.56。

该组数据的算术平均值为 $\overline{x} = 100.30$，其中 99.56 的偏差最大，故首先检验该数。

计算包括可疑值在内的平均值 $\overline{x}$ 及标准差 s： $\overline{x} = 100.30$， $s = 0.35$ 。

查表得

$$G_{(0.05,8)} = 2.032$$

所以

$$G_{(0.05,8)}s = 2.032 \times 0.35 \approx 0.72$$

则

$$\left|d_p\right|=\left|x_p-\overline{x}\right|=\left|99.56-100.30\right|=0.74>0.72$$

故 99.56 这个测定值应该被剔除。

（2）检验 100.79。

剔除 99.56 之后，重新计算平均值 $\overline{x}$ 及标准差 s ：$\overline{x}=100.41$ ，$s=0.20$ 。这时 100.79 与平均值的偏差最大，所以应检验 100.79。

查表得

$$G_{(0.05,7)}=1.938$$

所以

$$G_{(0.05,8)}s=1.938\times0.20\approx0.39$$

则

$$\left|d_p\right|=\left|x_p-\overline{x}\right|=\left|100.79-100.41\right|=0.38<0.39$$

故 100.79 不应该被剔除。由于剩余数据的偏差都比 100.79 小，所以都应保留。

格拉布斯检验法也可以用于检验两个数据 (x_1,x_2) 偏小，或两个数据 (x_{n-1},x_n) 偏大的情况，这里 $x_1<x_2<\cdots<x_{n-1}<x_n$ ，显然最可疑的数据一定是在两端。此时可以先检验内侧的数据，即前者检验 x_2 ，后者检验 x_{n-1} 。如果 x_2 经检验应该被舍去，则 x_1,x_2 都应该被舍去；同样，如果 x_{n-1} 应被舍去，则 x_{n-1},x_n 都应被舍去。如果检验结果 x_2 或 x_{n-1} 不应被舍去，则继续检验 x_1,x_n 。注意，在检验内侧数据时，所计算的 $\overline{x}$ 和 s 不应包括外侧数据。

3. 狄克逊检验法

1）单侧情形

狄克逊单侧情形检验的基本步骤如下。

（1）将 n 个试验数据按从小到大的顺序排列，得到

$$x_1\leqslant x_2\leqslant\cdots\leqslant x_{n-1}\leqslant x_n$$

如果有异常值存在，必然出现在两端，当只有一个异常值时，此异常值不是x_1就是x_n。注意每次只检验一个可疑值。

（2）根据表1.2中所列的公式，可以计算出统计量D或D'。D和D'都与试验次数n和可疑对象有关。

（3）对于给定的显著性水平a，在狄克逊检验法单侧临界值表（附录1.2）中查出对应n和a的临界值$D_{1-a}(n)$。

（4）检验高端值时，当$D > D_{1-a}(n)$，判断x_n为异常值；检验低端值时，当$D' > D_{1-a}(n)$，判断x_1为异常值；否则，判断没有异常值。

2）双侧情形

（1）根据表1.2计算D和D'。

表1.2　统计量D计算公式

n	检验高端异常值	检验低端异常值
3～7	$D=\dfrac{x_n-x_{n-1}}{x_n-x_1}$	$D'=\dfrac{x_2-x_1}{x_n-x_1}$
8～10	$D=\dfrac{x_n-x_{n-1}}{x_n-x_2}$	$D'=\dfrac{x_2-x_1}{x_{n-1}-x_1}$
11～13	$D=\dfrac{x_n-x_{n-2}}{x_n-x_2}$	$D'=\dfrac{x_3-x_1}{x_{n-1}-x_1}$
14～30	$D=\dfrac{x_n-x_{n-2}}{x_n-x_3}$	$D'=\dfrac{x_3-x_1}{x_{n-2}-x_1}$

（2）对于给定的显著性水平a，在狄克逊检验法双侧临界值表（附录1.2）中查出对应n,a的双侧临界值$\tilde{D}_{1-a}(n)$。

（3）当$D > D'$，$D > \tilde{D}_{1-a}(n)$，判断x_n为异常值；当$D' > D$，$D' > \tilde{D}_{1-a}(n)$，判断x_1为异常值；否则，判断没有异常值。

狄克逊检验无须计算$\bar{x}$和s，所以计算量较小。

在用上面的统计方法检验多个可疑数据时，应注意以下几点。

（1）单侧检验时，可疑数据应逐一检验，不能同时检验多个数据。这是因为不同数据的可疑程度是不一致的，应按照$\bar{x}$偏差的大小顺序来检验，首先检验偏差最大的数，如果这个数不被删除，则所有其他数都不应该被剔除，也就不需再检验其他数了。

（2）单侧检验时，删除一个数后，如果还要删除下一个数，则应注意试验数据的总数发生了变化。例如，在应用拉依达和格拉布斯检验法时，$\bar{x}$和s都会发生变化；在应用狄克逊检验法时，各试验数据的大小顺序编号以及$D, D_{(a,n)}$也会随着试验数据的数目发生变化。

（3）用不同的方法检验同一组试验数据，在相同的显著性水平上，可能会有不同的结论。

上面介绍的三种检验法各有特点。当试验数据较多时，使用拉依达检验法最简单，但当试验数据较少时，不能应用该方法；格拉布斯检验法和狄克逊检验法都能适用于试验数据较少时的检验。但是总的来说，还是试验数据越多，可疑数据被错误删除的可能性越小、准确性越高。在一些标准中，常推荐格拉布斯检验法和狄克逊检验法来检验可疑数据。

例 1.6 现采用零级千分尺测量零件的轴径，在相同条件下多次测量一个轴径尺寸，得到 10 个数值：7.969、7.972、7.964、7.975、7.972、7.968、7.970、7.967、7.969、7.974。求测量不确定度。

解：用于检验最大值是否异常的统计量D：

$$D=\frac{x_n-x_{n-1}}{x_n-x_2}=\frac{7.975-7.974}{7.975-7.967}=0.125$$

用于检验最小值是否异常的统计量D'：

$$D'=\frac{x_2-x_1}{x_{n-1}-x_1}=\frac{7.967-7.964}{7.974-7.964}=0.300$$

查狄克逊检验表，得以下结果：

给定检出数据时的显著性水平 $a=0.05$，查临界表 $D_{1-a}=0.477$

给定剔除数据时的显著性水平 $a^{*}=0.01$，查临界表 $D_{1-a}=0.579$

可知

$$D<D_{1-a}\text{，}\quad D'<D_{1-a}$$

则可判断全部测量数据中无异常值。

1.3　过程能力分析

过程能力也称工序能力，是指过程加工方面满足加工质量的能力，它是衡量过程加工内在一致性的最稳态下的最小波动。当过程处于稳态时，产品的质量特性值有99.73%散布在区间$[\mu-3\sigma,\mu+3\sigma]$，如图1.6所示，即几乎全部产品特性值都落在$6\sigma$的范围内。因此，通常用$6\sigma$表示过程能力，它的值越小越好，人们常以$6\sigma$描述过程的实际加工能力，表达式：$B=6\sigma$ 或 $B\approx 6s$。实践证明，用这样的散布范围表示过程能力既能保证产品的质量要求，又能具有较好的经济性。

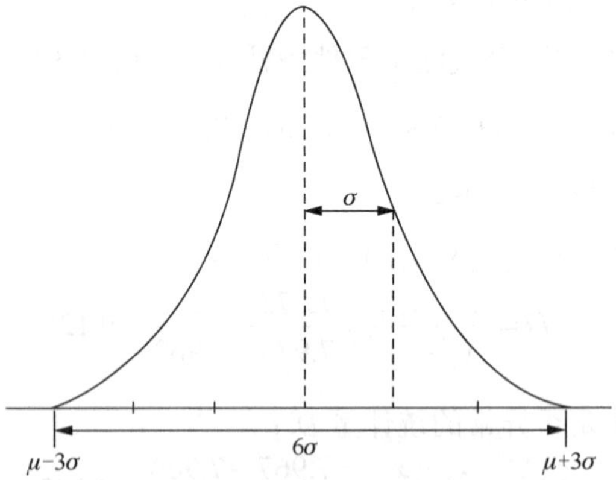

图1.6　过程管控示意图

过程稳定（或过程受控），是指过程的质量特性 x 的波动仅由正常波动源引起，这时过程的质量特性 x 服从某个正态分布，分布状态不随时间的变化而变化。

要提高过程能力首先要进行过程管控，过程能力只与标准差有关，而与产品的技术要求无关，只表示一个过程固有的最佳性能。标准差决定于质量因素，即人、机器、材料、方法、测量方法和环境，与规范无关。为了反映和衡量过程能力满足技术要求的程度，引入一个新指标，即过程能力指数（process capability index），来度量一个过程满足顾客要求的程度，一般用 C_p 表示。顾客的要求体现为规格界限（specification limits），其中点 M 称为规格中心，规格范围表示顾客要求的宽与严。

规格界限，是指顾客采购某产品或享受某服务过程时，所能容忍的绩效范围或公差。由规格下限（lower specification limits，LSL）和规格上限（upper specification limits，USL）可知规格界限的宽度 T=USL–LSL，常称为公差。如图 1.7 所示，产品的质量指标处于规格界限内则被认为是满意的。在现实世界里，波动是客观存在的，无法完全消除，必须设定规格界限。当规格中心 M 与过程能力中心重合时，如图 1.8 所示。

$$C_p = \frac{\text{顾客要求}}{\text{过程能力}} = \frac{\text{USL} - \text{LSL}}{6\sigma} = \frac{T}{B}$$

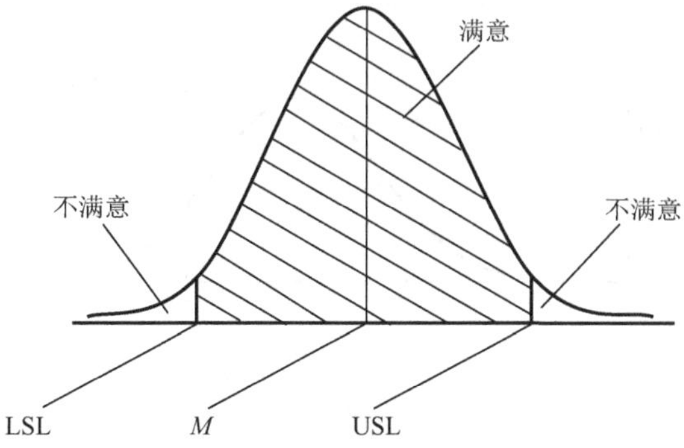

图 1.7　规格界限示意图

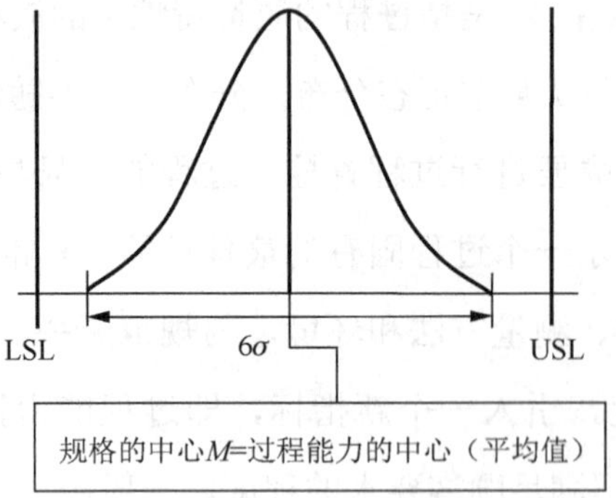

图 1.8　过程能力规格中心

在这个定义中，规格界限是顾客要求，一般不能轻易改变，所以 C_p 与 σ 成反比。σ 是愈小愈好，所以 C_p 是愈大愈好的指数，见图 1.9。

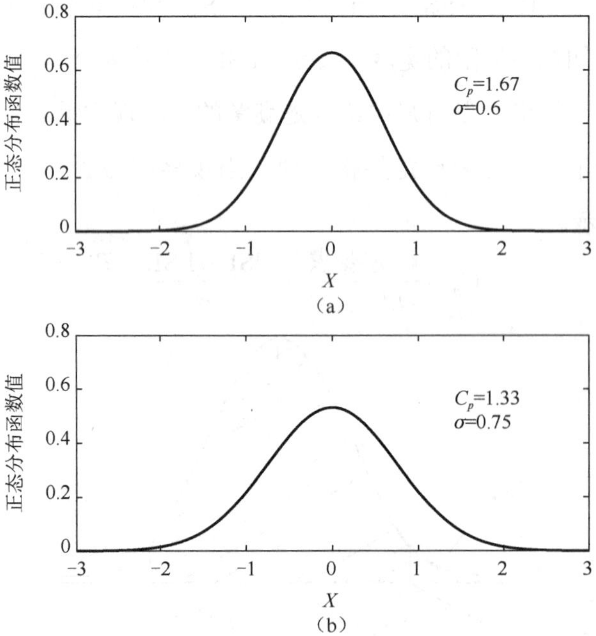

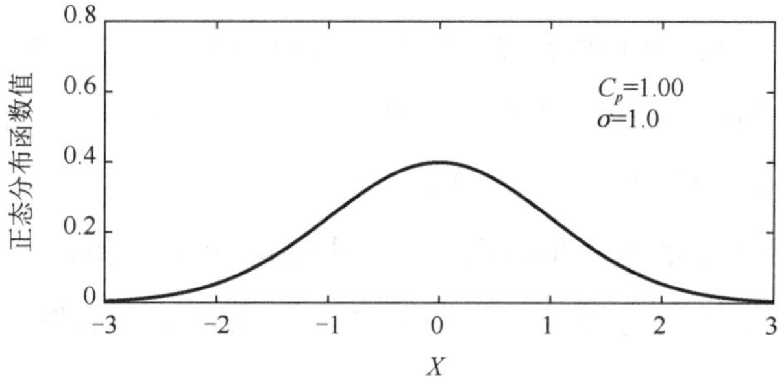

（c）

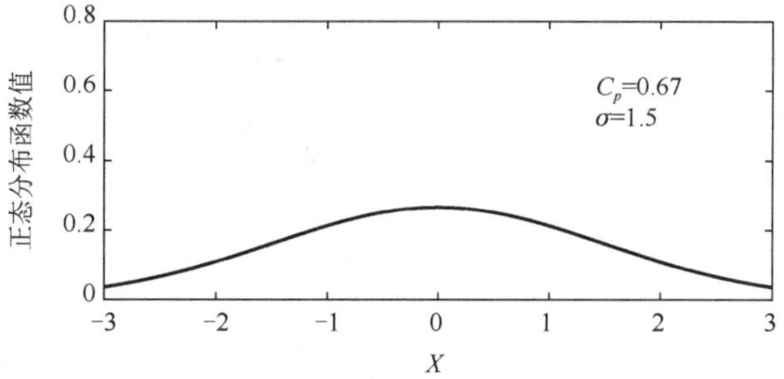

（d）

图 1.9 典型 C_p 值情况下质量特征值正态分布的特性

表 1.3 表明了 C_p 值和过程能力的关系，C_p 越大，说明过程能力越充足，产品加工质量越高，但对设备、原料和操作人员要求也越高，加工成本也越大。所以一个过程的 C_p 在 1.33 左右说明其已是一个很好的过程，为了实现这个目标，就要求人们一点点把标准差 σ 降下来。

表 1.3 工序能力判定表

C_p 值的范围	级别	过程能力的评价参考
$C_p \geqslant 1.67$	I	过程能力过高（应视具体情况而定）
$1.33 \leqslant C_p < 1.67$	II	过程能力充分，表示技术管理能力已很好，应继续维持
$1.00 \leqslant C_p < 1.33$	III	过程能力充足，但技术管理能力较勉强，应设法提高为II级
$0.67 \leqslant C_p < 1.00$	IV	过程能力不足，表示技术管理能力已很差，应采取措施立即改善
$C_p < 0.67$	V	过程能力严重不足，表示应采取紧急措施和全面检查，必要时可停工整顿

当过程中心与规格中心重合时，C_p 与不合格品率间有一一对应关系，所以 C_p 能真实反映过程满足顾客要求的程度。但当它们不重合时，C_p 与不合格品率的对应关系失去了，从而 C_p 就失去了真实性。

在实际中，规格中心偏离是常见的，见图 1.10。此时用偏过程能力指数（biased capability index）来评价过程能力，称为 C_{pk}，是分布的中心偏离规格中心时衡量过程能力指数。

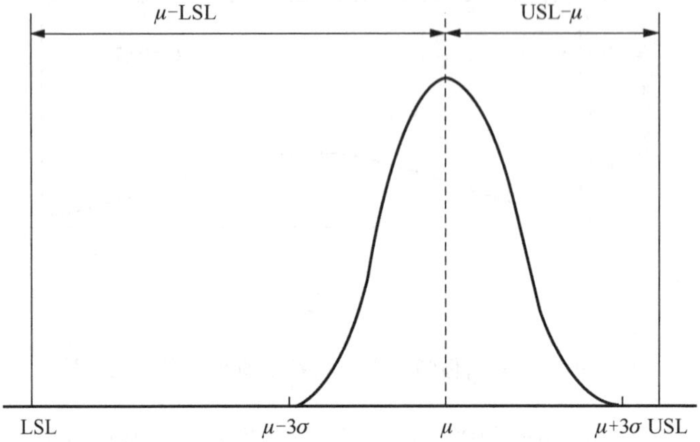

图 1.10 偏过程能力规格中心示意图

过程中心 μ 将规格界限(USL,LSL)分为两个小区间(LSL, μ)和(μ ,USL)。它们与 3σ 的比值能反映过程在左端或右端满足顾客要求的程度。这里给出偏过程能力指数的定义：偏过程能力指数 $C_{pk}=\min\left\{\dfrac{\mu-\text{LSL}}{3\sigma},\dfrac{\text{USL}-\mu}{3\sigma}\right\}$，即偏过程能力指数为单侧过程能力较小的一个。

例 1.7 某零件上下规格值为 20 ± 0.15，测得 $\mu=20.05\text{mm}$，$\sigma=0.05\text{mm}$ 。求该过程的偏过程能力指数。

解：由于 $\mu=20.05\text{mm}$，和规格中心 20mm 不重合，所以过程能力用

$$C_{pk}=\min\left\{\frac{\mu-\text{LSL}}{3\sigma},\frac{\text{USL}-\mu}{3\sigma}\right\}$$

即

$$C_{pk}=\min\left\{\frac{20.05-19.85}{3\times0.05},\frac{20.15-20.05}{3\times0.05}\right\}$$
$$=\min\{1.33,0.67\}=0.67$$

1.4 积累误差

船舶与海洋结构物建造过程中所涉及的工艺环节多，首先是零件的切割下料，零件制造，然后是零件装焊在一起形成部件，之后，部件装焊在一起形成组件、分段，最后在船坞（船台）总装为船体。基本的步骤可以描述为：零件→部件→组件→分段→船体。如果每个生产过程都是统计可控的，那么误差是正态分布的。如果能够得到每一步工作后构件的测量数据，那么结构的误差就能够被预测，如均值和标准方差等。按照数理统计的原理，人们就可以计算出几道工序合并的均值和标准方差。

正如前面讲述的，每个工作过程的输出代表了一个独立的正态分布。按照一系列的建造步骤，所有的这些分布加起来会决定期望的正态性能。因此为了完成船体装配，我们能够得到积累误差公式：

$$Z=\sum P_i+\sum S_i+\sum A_i+\sum E_i$$

式中，$\sum P_i$ 表示所有零件成形过程的积累误差；$\sum S_i$ 表示所有部件制造过程的积累误差；$\sum A_i$ 表示所有分段装配过程的积累误差；$\sum E_i$ 表示所有合拢过程的积累误差。

积累误差公式基于方差加法定理。对于独立的分布，方差加法定理可以表述为

$$S_F^2=S_1^2+S_2^2+S_3^2+\cdots=\sum S_i^2$$

式中，S_i 是早期过程的标准差；S_F 是最后过程的标准差。

考虑到积累误差，如果我们可以减少每个建造阶段中间产品的误差，那么在搭载阶段的返修工作将大量减少。也就是说，这个方差在预测搭载阶段返修工作的概率方面是有用的，反过来也可以指导中间产品的工作计划和时间计划。

按照规范和建造合同的要求，只要知道最终船舶的尺寸精度要求，人们就可以在实际建造过程中在每一道工序加工时寻找合理的尺寸分配精度，使其控制在总的公差范围内，从而满足船舶最终的尺寸精度要求。

1.5 小　　结

本章首先介绍造船精度控制技术的定义，以及造船精度控制技术对于造船的意义；然后阐述在造船精度控制技术中用到的统计学理论以及统计过程控制的概念，并对异常值的检验进行专门的介绍；最后对造船过程中的积累误差进行了分析。

参 考 文 献

[1] Storch R L. Accuracy Control Implementation Manual[R]. Shipyard Production Process Technologies Panel, 2002.

[2] 傅晓斌. 中小型船厂船体建造精度控制研究[J]. 南通航运职业技术学院学报, 2009, 8（4）: 57-60.

[3] 任刚. 船体分段三维测量及对位系统控制策略研究[D]. 大连: 大连理工大学, 2013.

[4] 唐汉帆. 国外造船精度控制技术[J]. 舰船标准化工程师, 2003（2）: 17-22.

[5] 郭荣奎, 蔡三明, 秦耀良. 补偿量加放技术的分析和应用[J]. 江苏船舶, 2007, 24（6）: 1-4.

[6] 谭朝阳. 中国造船技术主要差距与应对措施[EB/OL].（2014-8-24）[2018-3-20]. http://www.chinaship.cn/analysis/583.html.

[7] 王滔, 刘增荣. 关于船体建造精度管理及精度拼板工艺[J]. 造船技术, 2003（2）: 20-22.

[8] 刘善德, 翟永兴, 史佐. 造船精度管理是实施总装造船的支撑性技术[J]. 造船技术, 2007（3）: 23-26.

[9] 王俊. 基于精度造船的精度过程管理研究[D]. 镇江：江苏科技大学, 2016.

[10] 杨军, 丁文兴, 马小兵, 等. 统计质量控制[M]. 北京: 中国标准出版社, 2012.

[11] 李云雁, 胡传荣. 试验设计与数据处理[M]. 北京: 化学工业出版社, 2005.

附录 1.1 格拉布斯表——临界值 $G_{(a,n)}$

n	95.00%	99.00%	n	95.00%	99.00%
3	1.153	1.155	32	2.773	3.135
4	1.463	1.492	33	2.786	3.150
5	1.672	1.749	34	2.799	3.164
6	1.822	1.944	35	2.811	3.178
7	1.938	2.097	36	2.823	3.191
8	2.032	2.220	37	2.835	3.204
9	2.110	2.323	38	2.846	3.216
10	2.176	2.410	39	2.857	3.228
11	2.234	2.485	40	2.866	3.240
12	2.285	2.550	41	2.877	3.251
13	2.331	2.607	42	2.887	3.261
14	2.371	2.659	43	2.896	3.271
15	2.409	2.705	44	2.905	3.282
16	2.443	2.747	45	2.914	3.292
17	2.475	2.785	46	2.923	3.302
18	2.501	2.821	47	2.931	3.310
19	2.532	2.954	48	2.940	3.319
20	2.557	2.884	49	2.948	3.329
21	2.580	2.912	50	2.956	3.336
22	2.603	2.939	51	2.943	3.345
23	2.624	2.963	52	2.971	3.353
24	2.644	2.987	53	2.978	3.361
25	2.663	3.009	54	2.986	3.388
26	2.681	3.029	55	2.992	3.376
27	2.698	3.049	56	3.000	3.383
28	2.714	3.068	57	3.006	3.391
29	2.730	3.085	58	3.013	3.397
30	2.745	3.103	59	3.019	3.405
31	2.759	3.119	60	3.025	3.411

附录 1.2 狄克逊检验法的临界值表

（a）单侧狄克逊检验法的临界值表

n	a			
	0.10	0.05	0.01	0.005
3	0.886	0.941	0.988	0.994
4	0.679	0.765	0.889	0.926
5	0.557	0.642	0.780	0.821
6	0.482	0.560	0.698	0.740
7	0.434	0.507	0.637	0.680
8	0.479	0.554	0.683	0.725
9	0.441	0.512	0.635	0.677
10	0.467	0.477	0.597	0.639
11	0.517	0.576	0.679	0.713
12	0.490	0.546	0.642	0.675
13	0.467	0.521	0.615	0.649
14	0.492	0.546	0.641	0.674
15	0.472	0.525	0.616	0.647
16	0.454	0.507	0.595	0.624
17	0.438	0.490	0.577	0.605
18	0.424	0.475	0.561	0.589
19	0.412	0.462	0.547	0.575
20	0.401	0.450	0.535	0.562
21	0.391	0.440	0.524	0.551
22	0.382	0.430	0.514	0.541
23	0.374	0.421	0.505	0.532
24	0.367	0.413	0.497	0.524
25	0.360	0.406	0.489	0.516
26	0.354	0.399	0.486	0.508
27	0.348	0.393	0.475	0.501
28	0.342	0.387	0.469	0.495
29	0.337	0.381	0.463	0.489
30	0.332	0.376	0.457	0.483

（b）双侧狄克逊检验临界值表

n	a	
	0.01	0.05
3	0.994	0.970
4	0.926	0.829
5	0.821	0.710
6	0.740	0.628
7	0.680	0.569
8	0.717	0.608
9	0.672	0.604
10	0.635	0.530
11	0.605	0.502
12	0.579	0.479
13	0.697	0.611
14	0.670	0.586
15	0.647	0.565
16	0.627	0546
17	0.610	0.529
18	0.594	0.514
19	0.580	0.501
20	0.567	0.489
21	0.555	0.478
22	0.544	0.468
23	0.535	0.459
24	0.526	0.451
25	0.517	0.443
26	0.510	0.436
27	0.502	0.429
28	0.495	0.423
29	0.489	0.417
30	0.483	0.412

2 基本的船体建造精度控制过程

船体建造过程决定了船体建造精度水平，船舶企业要实施“壳舾涂”一体化造船技术，必须变被动管理为主动管理，做好船体精度控制，才能带动舾装精度控制工作。船体建造精度控制的重点在于按船体结构的尺寸基准对制造过程进行全员、全过程精度控制。本章首先介绍精度控制方面的专业名词，然后阐述现代船舶建造精度控制技术的实现过程、相应的造船工艺技术和补偿量加放方法。

2.1 名词术语定义

船体建造流程的定义如下。

（1）零件加工：船体结构零件的加工过程，就是采用机械冷弯或水火热弯等方法将平直的原材料加工成船体制作所要求的空间形状。

（2）小组立：将尺寸较小的船体结构零件装配、焊接形成部件。

（3）中组立：将小组立部件和较大胎面板装配、焊接形成子分段的过程。

（4）大组立：将小组立部件、中组立与分段上胎板装配、焊接形成完整分段的过程。

（5）总组立：在主船体船台（船坞）搭载前，将分段与分段进行装配焊接形成总段的过程。

（6）搭载（合拢）：将分段或总段吊运至船台（船坞）进行主船体装配、焊接的过程。

关于结构尺寸方面的一些名词如下。

（1）船体分段：为方便船体结构建造合理划分的结构单元，通常为大组立而形成的中间产品。

（2）基本尺寸：在图面上标注的理论尺寸，它是描述零件、工件和中间产品（部件、分段和总段）的几何形状、外形尺寸以及所处位置的量值。

（3）实际尺寸：指零件、工件和中间产品完工后测得的尺寸。

（4）尺寸偏差：基本尺寸和实际尺寸之间的差值。

（5）标准范围：正常控制、检验尺寸偏差满足精度造船的偏差范围。

（6）允许极限：检验尺寸偏差时，允许少数偏差超出标准范围的最大偏差值。

（7）余量：船体零件、工件和中间产品通过加工、装焊、火工矫正等多道工序，而产生的变形及收缩，经过定性或定量分析后，加放的比实际变形及收缩略大的工艺量值，一般在装配后割除。

余量是在尚未认识产生尺度偏差规律性的条件下，为后续工序用以控制尺寸精度的一种对策。余量一般可分为加工、焊接收缩与装配余量三种。该值以备后续的生产工序所积累的尺寸偏差，以及冷热加工所产生的弹性变形和热塑性变形的伸长、收缩做部分抵偿。剩余的部分则选择适当时机（船体建造到某一阶段），为使工件的实际尺寸能控制在它的规定公差范围内而作必要的切除。分段余量如图 2.1 所示。

（8）补偿量：船体零件、工件和中间产品通过加工、装焊、火工矫正等多道工序后会产生变形及收缩，进行定性和定量分析后，在加工之前，加放相当于实际变形及收缩的工艺量值，为后续工序所弥合，一般不需再切割。

补偿量主要是供后续的生产工序所积累的尺寸偏差，以及冷热加工所产生的弹性变形和热塑性变形的伸长、收缩做全部抵偿。因而，这种加放量无须切除就可控制工件基本尺寸在所规定的公差范围内。

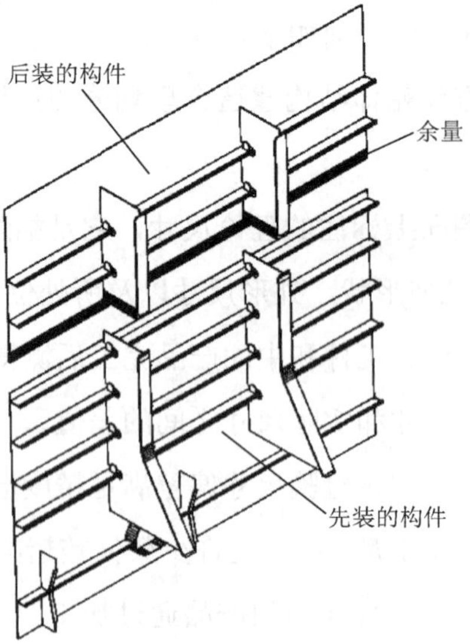

图 2.1　分段余量示意图

无余量这个概念在造船工艺发展上包含两层意思，一是分段有余量，通过切割余量后为无余量制造；另一是施工过程本身就是无余量的，一般称为精度分段，即从内部构件到分段完成直接就是无余量的。后者相对前者来说，设计、工艺、施工难度要大很多，而关键技术就在于补偿量的加放。补偿量取代余量，是当今造船精度控制的核心内容。

船体建造过程中，引起工件基本尺寸收缩变形的因素很多，因此，在加放补偿量时，尺寸精度补偿也有多种类型，归纳起来可分为非系统补偿和系统补偿两大类。

（1）非系统补偿：是指单独地对一个因素、一道工序或一种变形的工件尺寸的补偿。相应的补偿量，可简称补偿。例如：气割补偿、焊接补偿、部件装配补偿、分段制造补偿、火工矫正补偿等。

（2）系统补偿：是指在船体建造整个工艺系统中，为了弥补由各种因素引起变形而给予的补偿总量。

2.2 船体建造过程的特点

钢质船体的建造过程复杂，首先根据设计好的船体型线图和结构图，经过钢材预处理、切割加工、零件加工、部组件装焊、分段装焊以及船台（船坞）搭载等一系列工序的生产过程，最后总装成设计船。船体建造过程有别于一般的机械制造过程，船体建造的固有特殊性在于：

（1）船体建造周期长、工序多，积累误差比较大。

（2）现代造船采用焊接技术，实行分段法建造，船体结构的焊接变形和水火矫正作业使船体制造和装配过程大为复杂化。要掌握切割、冷热加工、焊接、矫正、吊运和冲砂过程中的弹塑性与热塑性变形规律较困难，焊接变形的预防和消除研究还不够充分。

（3）船体尺度和重量较机械产品大。所允许的误差绝对值虽然比机械制造中的误差大，但是其相对值却比较小。制造过程中作为制造和测量的基准面（如平台、胎架）尺寸很大，很难得到满意可靠的依据。大尺寸的测量误差也大，即使在机械制造业中，大尺寸的公差仍然处于推荐阶段。此外，大尺寸的部件和分段由于刚度不够，在运输储存过程中往往会产生变形。

（4）工件在制造过程中的人工作业量比机械制造过程大得多，如作业工人凭经验来进行曲面的成形加工、焊接变形结构的火工矫正作业等，这样的作业方式都会造成积累误差。

（5）船舶产品是单件或小批量生产，收集、整理和统计造船误差的数据较困难，加上造船生产过程较复杂，难以控制其工艺过程的稳定性。即使是通过数理统计的数据，有时也难以找到其间的规律。

（6）工件在制造过程中的环境影响远比机械制造过程大得多，有相当一部分工件的制造过程是在室外、高空等条件下进行，不同条件的工序相互交叉等使作业环境非常恶劣，工件完工后的误差难以控制。

海洋石油平台的建造除了具有船舶的特点外，还有其自身的特点：

（1）海洋石油平台使用的材料级别较高、厚度较大，焊接和矫正变形都比较困难。

（2）海洋石油平台甲板总段的面积大、支撑点少、弹性变形大且多是空中作业。

（3）海洋石油平台船体线型比较简单，但平台的多个浮体常常需要同时进行搭载，既要求相互独立又必须统一。

从船舶与海洋平台建造的施工特点可以看出，船舶生产中精度的过程控制问题是复杂的，要对工件的几何形状、尺寸和位置进行精确控制具有很大的困难，这就要求造船企业对船体的主尺寸、线形和结构错位情况进行控制，以满足船东的要求。

2.3 船体建造精度控制技术的实现

为提高整个造船生产过程的生产力，需要制定详细的精度控制规则。当人们集中在个别生产技术时，可以显著改善该生产工艺的精度控制技术。然而，这只是个别工艺的精度控制技术的改进，并没有形成一个完整的管理系统，只能作为未来精度控制系统的组成部分。实际上，精度控制主要有两个目标：短期目标和长期目标。短期目标是提高中间产品的建造精度，以尽量减少工期延误和搭载过程中的返工。长期目标则更重要，旨在建立一个全部生产过程都实行补偿量加放的管理系统，用来不断地提高生产力。

精度控制包括三个主要部分[1]：①计划，针对一个特定的造船项目准备相应的精度控制任务，如精度管理方案、计划和标准等；②实施，也就是要进行实际的工作，包括检验表的制定、测量记录等；③评价或分析，对收集的精度数据进行统计分析和评价，分析误差原因，找出控制误差的对策，提出改进措施等，为下一造船项目准备相关的计划、执行和评价的基础文件（图 2.2）。精度控制体系中规范了日常数据收集模式，有目的地收集现场测量的数据，通过数据统计与分析发现系统性问题，从而制定出解决方案，并返回施工工序中实施，这种反复的分析与改进，做到了精度问题的持续改进。

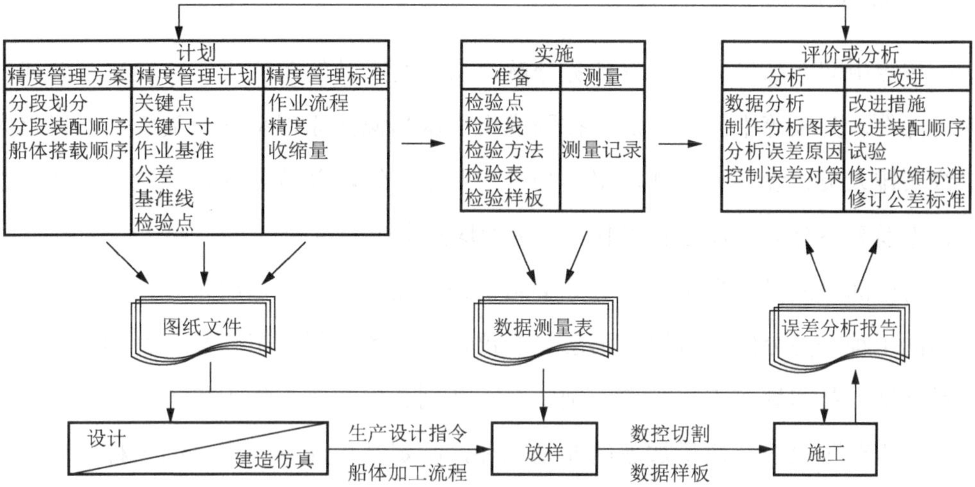

图 2.2　精度控制循环[1]

这三个内容的每一个部分都是重要的，但在不同的船厂实行精度控制时侧重点可能不同。精度控制计划的有效性依赖于成组技术在船厂的应用，也就是产品导向型作业分解结构（product oriented work breakdown structure，POWBS）的使用，所有人员按照统一的思路进行生产组织。精度数据建立的基本假设条件是生产过程处于统计控制状态。这反过来要求有稳定的工艺过程、工序和造船编码，这样收集到的精度数据和误差才能够使用统计理论进行分析。

实现完全规模精度控制的第二个必备条件是精度数据库的建立。这个数据库就是一个船厂工艺流程精度数据的统计历史。这个数据库一旦建立有两个作用：第一，它提供了造船过程中每个单一建造过程的基础标准；第二，精度数据库提供了必要的信息，以便开展工艺过程分析，其目标是提高造船的生产效率，如减少钢板切割的花费、提高建造质量、缩短所有并行工作的提前完工时间，而不是彼此牵制、内耗。

2.3.1 精度控制系统的启动

按照中间产品导向型工程任务分解，从中间产品的角度出发将船舶分解成零件、部件、分段等中间产品后，按照成组技术相似性原理将其分类成组，以组为单位安排人员、设备和场地，组建分道作业生产线，并按船体、舾装、涂装、管子、电缆等系统构成各自的作业区，达到均衡生产的目的。

对中间产品导向型工程任务分解结构和精度控制进行顶层管理，根据各中间产品的工程任务分解结构组织信息化会议，包括各工程、车间和工种的负责人、质量保证人员和焊接工程师等，制定基于计划和生产的工程焊接工艺规范文件，制定各工艺阶段的补偿量加放的原则文件，制定基于计划、生产的工程测量检查表，根据检查表收集精度数据，审查装配和焊接过程，进行精度数据分析和评估。

在初始阶段设置短期目标，因为这是在精度控制开始时首先要解决的问题，在短期目标控制阶段收集一个大型的精度控制数据库，然后实行长期的精度控制计划，缺乏长期精度控制计划不利于精度控制潜能的完全发挥。

在短期目标阶段，大多数船厂将精度控制与工程任务分解结构统筹考虑，尽量减少搭载阶段的返修工作量。通过检查表收集精度数据，中层管理人员对数据进行分析，然后进行工程部和计划部的联合会议，会议的目的是讨论影响精度控制成功的关键工艺或技术等信息。制定各阶段的公差极限和标准，并包含在工作指南和工程图中。随着收集的精度信息越来越多，对公差极限和标准进行更新、修改。

在最初的数据收集阶段之前，就要准备好书面工作程序，详细描述组装方法和焊接步骤。这些程序的重要性不亚于数据收集，数据的重要性在于它的统计学意义，而这些程序则是生产和规划部门确定的精度工作流程，它保证了精度控制循环的正确执行。

检查表是数据收集的基本形式。随着时间的推移，数据收集应该成为生产的一个常态过程，各生产部门在产品完工后就要进行测量和填表。在整个生产过程中，检查和测量的重要性怎么强调也不为过。没有测量，就不能实现精度控制。

测量的意义是多方面的：通过测量能够知晓短期目标是否实现；测量能够提供统计学性能指标；使客户、管理部门满意；工人在达到要求时也会产生自豪感。

在具体实行时，精度控制应是船厂每个人工作的一部分，必须成为每个人的常规活动，而不是将其视为工作之余的一个附加任务。

精度控制规划工作必须与设计、工程、生产、工艺规划及采购紧密联系。即一定要将精度控制看成这些生产活动的一个常规部分，而不是独立的活动，以促进各个方面之间的协调一致（在传统观念中它们是独立活动的）。将精度控制的任务加入生产过程的各个方面，实现各个小组间的合作。这种组织方法有很多优势：首先，精度控制成为每个人工作的一部分，成为每个生产活动参与者的常规活动，而不是将其视为工作之余的一个附加任务。其次，精度控制人员将活跃在车间的各个部门，与这些部门通力协作，促进各部门信息的准确传达，琐碎的文字工作将会被减少，这也会使精度控制是船舶建造全部生产活动的一部分这一观念在员工心中得到加强。

精度控制规划必须开始于一套精度控制标准，客户有特殊要求的要做出专门的规定。精度控制规划的第一个任务是为这个船体选择关键管理点和基准线。当然这些管理点和基线会因为船舶类型和其他不同而不一样。管理点的选择必须反映船舶及其部件建造时涉及的全部精度要求，管理点反映了分段尺寸变化而引起的船体尺寸的变化。图 2.3 所示是舭部分段的管理点：①舭部分段主要对内壳水平即胎板水平进行控制，重点控制自由边尺寸，上胎板划线时需以无余量边及基准线（网格线）为准划线。确认主尺度后处理外口尺寸定位胎板与外板处半宽。②考虑双层舭部分段的内口同面度要求及加装垫板位置的划线要求，重点对纵桁垂直度进行控制。③严格控制内部构件装配垂直度，保证内底与外板的同面度，即着重控制肋板垂直度及外板与肋板同面度。④因过渡区域舭部线型较大，应注意舭部型值控制。

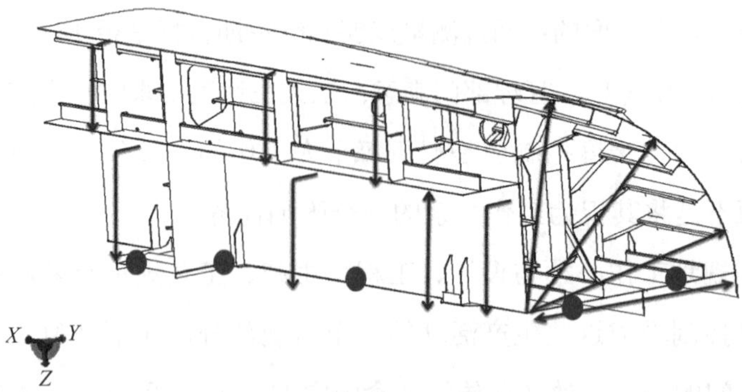

图 2.3　舭部分段的管理点

精度控制的下一个任务是根据造船精度控制标准和船东的要求为管理点尺寸确定合理的尺寸精度。精度控制小组成员要熟悉船舶建造的方方面面，尤其要熟悉车间中的制造、装配和吊装等工艺过程。船体关键点及其精度计划确定之后，精度控制小组为每个船体分段开发生产计划，担负精度控制责任的工程师应该参与分段的生产设计计划，这样才能保证分段的制造精度。

精度控制小组的另一个重要任务是制订分段或者其他中间产品模块的余量控制计划。如果船厂的工作流程是稳定的，那么产品的尺寸数据是统计可控的，以统计分析为基础，选择合理的结构补偿量，使得该补偿量恰好能够补偿统计得出的平均偏差，那么分段对接处的返修就会少一些。

图 2.4 是某厂精度控制标准化和程序化的指导性流程，其中显示了精度控制的实施步骤和重要控制环节。钢料加工的精度是精度控制的基础，数控划线的精度和齐全性是组立精度的保障。小组立的基准线是大组装配的依据和基准，小组的精度是大组精度的重要保障。分段组立的精度是最终实现一次性搭载的根本保证之一，使搭载修整作业量降到最低。

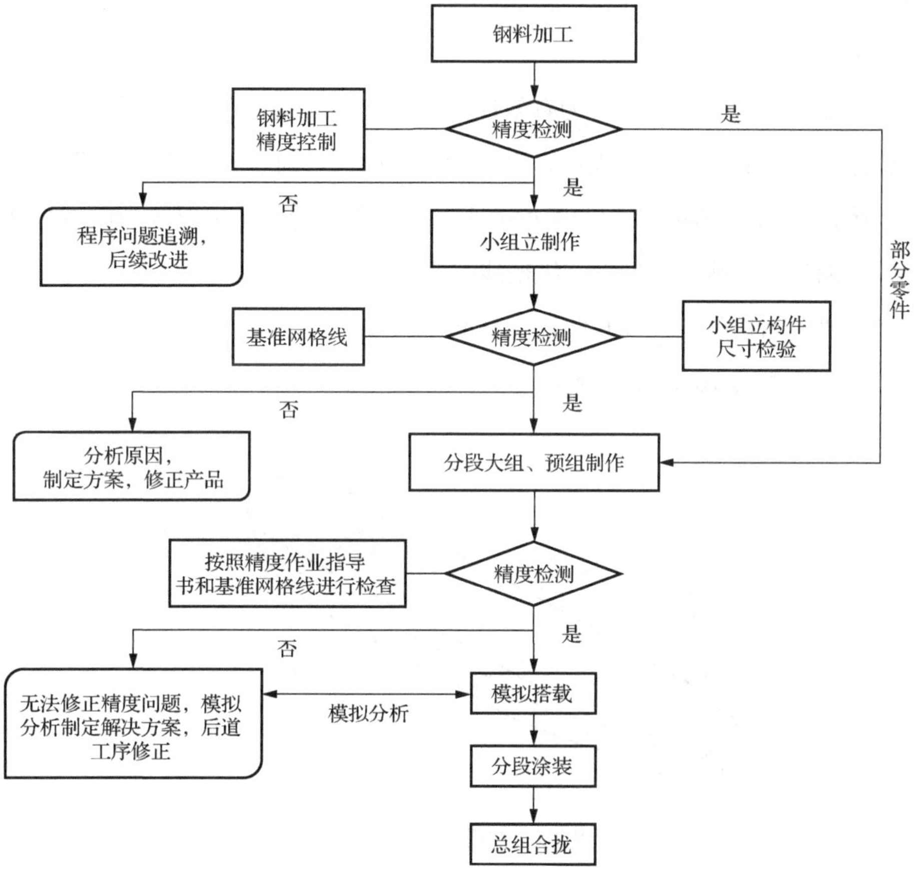

图 2.4 某船厂船体建造精度控制流程

2.3.2 利用基准网格线的精度造船

如上所述，分段是船体建造的基础，分段精度的高低直接影响整个船体建造的精度水平，现在一些骨干船厂实行基于网格线的精度造船法[2]，也称为网络线造船法。

网格线造船：将小组立、中组立、大组立建造中的划线、拼板、装配三个环节全部以网格线为基准进行过程控制，最终以线对线的简易装配标准，达到符合船舶总组合拢精度的目的。

网格线定义：一般来讲，为有效控制分段建造精度，在进行船体设计时，对主船体划分的贯穿每个分段纵横、上下和内外的一种对位基准线即为网格线。如图 2.5 所示，网格线根据船型、精度要求、分段划分等具体情况分为以下几部分。

（1）船体中心线、横剖线、纵剖线、水线。

（2）重要结构的肋位线和肋位 100mm 检查线。

（3）距合拢缝 100mm 检查线。

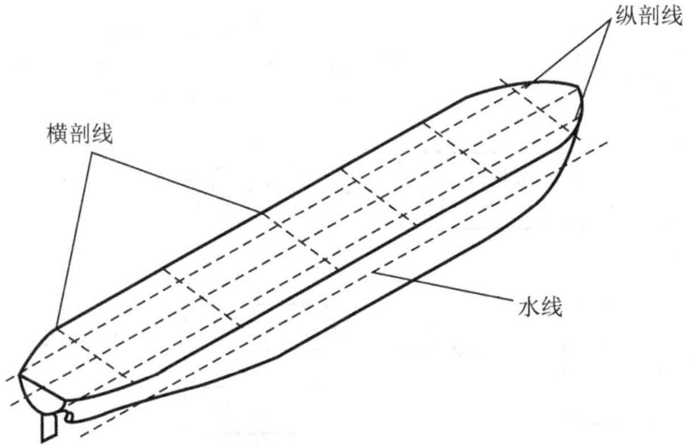

图 2.5 网格线设计示意图

网格线设计原则如下。

（1）横剖线、纵剖线、水线尽可能贯穿每个分段中间部位。

（2）横剖线布置在肋位理论线同侧 100mm 处。

（3）纵剖线、水线选取整数半宽或距基线值。

（4）如遇重要结构（如水密舱壁等），则优先选择布置网格线。

设置网格线是实施精度控制的基本方法，设置有效合理的基准网格线时，从钢料加工阶段利用数控划线机进行数控划线，不具备数控划线的实施人工划线。这些基准线是分段小组立、大组立、总组立、搭载定位的基准和依据，按照基准线进行施工，可以保证构件的定位尺寸，可以保证分段合拢口的同面度，确保总组合拢的相对位置和降低总组搭载定位的难度，提高总组搭载定位的效率和定位的精度。

如图 2.6 所示，网格线是分段搭载的定位基准，通过网格线制作的各端口 100mm 检查线则作为辅助定位。

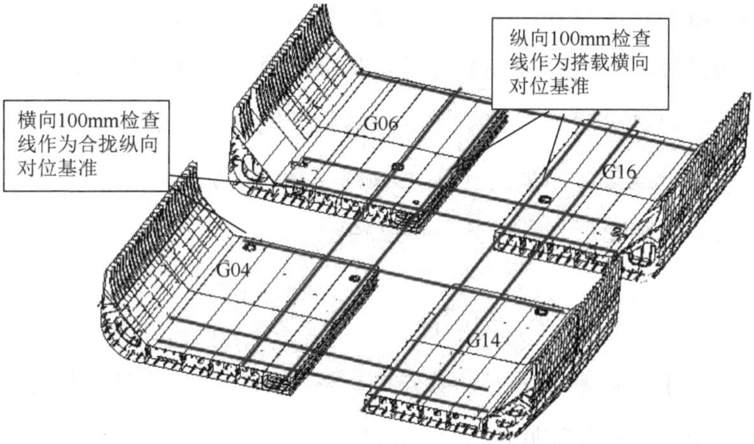

图 2.6　网格线和端口 100mm 检查线

2.3.3　船体装配过程中的精度控制技术

船舶建造精度水平的提高离不开各建造过程工艺水平的提高，改进造船工艺水平是一切努力的基础，应分析造船工艺的科学性和合理性，发现问题，提出改进措施。

在现代造船模式下，船厂都建立了船体零件编码体系，以充分利用造船成组技术，把船舶设计、生产、管理中体现的有关特征，以字母和数字结合的形式予以表征。类似的编码形式如图 2.7 所示。

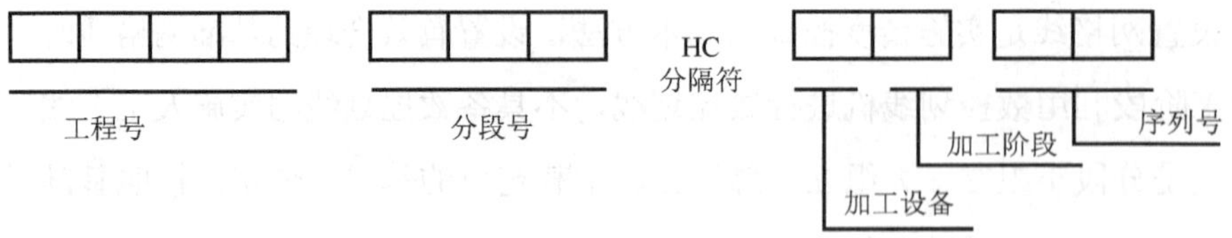

图 2.7　船舶建造编码

分段制造是现代船舶建造的特点，分段的划分技术是生产设计中的重要内容，它直接决定分段的产品质量、生产方式、生产效率和生产成本等。在进行分段划分时要注意分段的精度设计：①分段划分尽量采用“一刀切”的形式，方便分段端面结构长短的控制；②分段划分时尽量保证分段的整体刚性，减少焊接和吊运搁置变形；③分段划分时分段重量应尽量达到车间的最大起重能力，以减少分段个数和焊缝；④分段划分时要尽量用足板规，减少拼板变形。考虑到以上内容，可以减少分段焊缝和变形，利于分段精度控制。

1. 钢料加工

钢板在进行钢料切割加工前，要先进行钢材预处理，一般是利用钢材预处理流水线完成矫正、除锈和喷底漆等工艺过程。

1）切割精度控制

在切割前，需要对切割机进行矫正，对切割机的零件切割尺寸进行验证，做好零件的加工精度控制。

（1）切割试板管理。在船厂，在每班开工前需要进行切割试板，切割机操作人员在切割后首先要进行自检，精度控制人员在每天定时进行检查。如发现试板没有达到精度控制标准（±1mm），则停机进行矫正后再施工。

（2）对切割机进行对角线检查，即执行对角线管理。每天在切割之前对切割机进行对角线检查。

（3）切割机轨道精度是维持切割精度的重要数据。轨道精度主要包括轨道的直线度（±1mm）、轨道的水平度（±1mm）、轨道的跨度（±1mm）。

常见的切割机有门式数控火焰切割机、等离子数控切割机、激光切割机等，分别如图 2.8～图 2.10 所示。

图 2.8　门式数控火焰切割机

图 2.9　等离子数控切割机

图 2.10　激光切割机

2）零件套料

Tribon 系统按照网格线布置自动生成划线信息，在零件套料阶段设计出数控划线程序，这些网格线将随数控划线一并划到零件实物上，如图 2.11 所示。

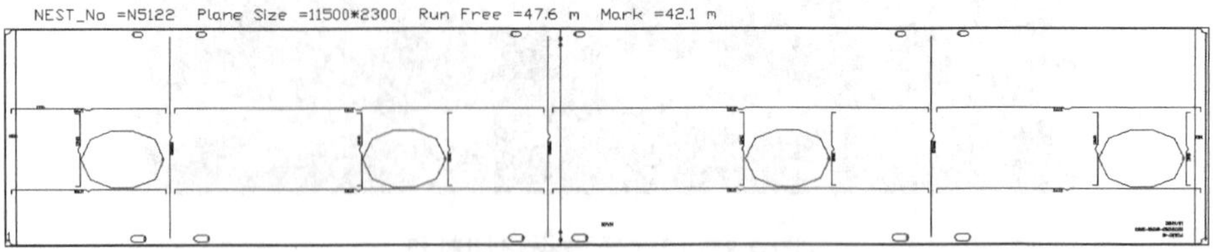

图 2.11　Tribon 零件套料划线图

3）钢材下料阶段数控划线

切割后进行数控划线并保证划线精度，如图 2.12 所示。对于手工下料，也要保证下料精度并划基准线。

钢材下料阶段，按照零件套料已设置的数控程序，操作数控划线机执行数控划线。为保障船舶建造精度质量，从船体设计开始，就要准确标注补偿量。现在骨干船厂的板材几乎全部由数控设备切割，其中包括平直板，目的就是确保整体精度和加工速度。

图 2.12　钢板数控划线

零件加工的各类焊接坡口都在加工时直接开出（尤其各种曲面外板加工坡口），变截面坡口在钢材加工阶段直接开出。各种装配的精度信息，如肋板、纵桁装配线、板材对接准线、网格线和检查线，均在数控下料阶段直接由机器的数控划线功能完成。某些大型船厂采用专门的数控型材切割机切割型材，如图 2.13 所示。

图 2.13　数控型材切割机

4）零件成形

型材加工主要是对型钢进行制作，确认型材的削斜、开孔位置、坡口方向、角度、长度等。加工设备有肋骨冷弯机，如图 2.14 所示。线形主要靠逆直线进行管理，就是在加工前在型钢上划逆直线，弯制过程中检查型钢上的曲线是否变为直线，如果逆直线变为直线，则表明型材已经弯曲到样，如图 2.15 所示。一般在设计套料阶段就给出逆直线型值，在数控划线阶段在型材上划出，否则由手工进行划线。逆直线检查主要由现场人员自主检查。

图 2.14　肋骨冷弯机弯制肋骨

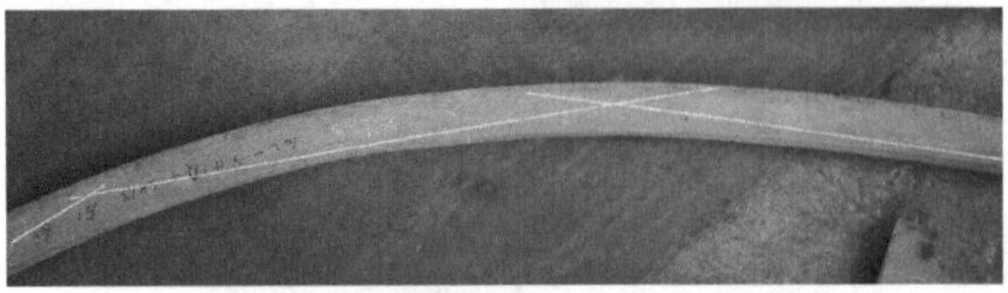

图 2.15　型钢加工及逆直线检测

单曲度板采用三辊弯板机进行辊压加工，然后用样板进行检查，如图 2.16 所示。双曲度板一般采用三辊弯板机先进行横向曲度的辊弯成形，然后进行水火弯板加工以形成纵向曲度。双曲度板主要依靠三角样板（活络样板）（图 2.17）和样箱（图 2.18）来进行检查，因此，样板、样箱的精度检查是双曲度板加工的首要工作。

图 2.16　单曲度板的加工

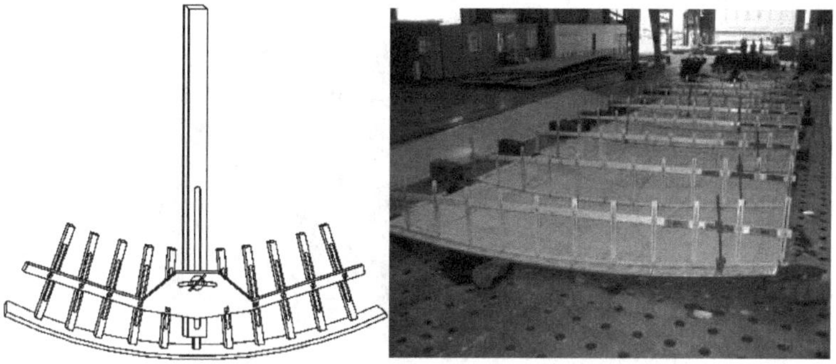

图 2.17 三角样板（活络样板）检查曲板加工

图 2.18 样箱

形状复杂的船体外板（纵向弯曲较大）不能用三角样板来检查曲面外板加工形状，而要用样箱来检测其形状。样箱是由一组封闭的曲线形样板所组成，它的曲线也是根据肋骨线型或剖面线制作的，钉制样箱的工作一般在放样间完成。

检查时将已加工的基本成型的外板放在平台上，并垫平，使其不摆动，然后将样箱放在外板上，如图 2.19 所示，对准相应肋位号和断线位置，随后用塞尺测量或目测样箱与外板的间隙，其间隙应符合技术要求，如表 2.1 所示。另外为确保船体曲面外板的可追溯性，在船体曲面外板表面指定位置打上操作者的工作号钢印，以备查实。

图 2.19　曲加工检查

表 2.1　加工精度要求　　（单位：mm）

项目		标准范围	允许极限	备注
单向曲度板	曲面与样板间隙	≤2.5	≤5.0	每挡肋位内
	三角样板上基准线的直线度	≤2.5	≤5.0	
双向曲度板	拉线与样板上基准线的偏差	±2.0	±3.0	每挡肋位内
	肋位方向与样箱的间隙	≤4.0	≤5.0	
	长度方向与样箱的间隙	≤3.0	≤5.0	

从热加工技术来看，火工热弯钢板和火工矫正多是凭经验进行操作，耗费的工时较多，加工精度也不高。现在大连理工大学、武汉理工大学等单位正努力开发船体曲面板的数控成形技术及设备，通过产学研的形式联合开发数控水火弯板机或者数控冷冲压设备，使曲度板的成形效率和成形精度都有很大的提高。

折边构件则采用水压机、油压机（图 2.20）进行压制，然后用模板进行检查（图 2.21），以达到角度和弧度与模板无间隙。

在零件成形阶段，主要考虑零件完工后的尺寸符合下一步装焊工序的需要。接下来是分段组立，分段组立是现代化造船流程的重要环节之一，是连接零件加工和总组搭载的建造过程，起着承前启后的作用。分段组立的精度控制在于消除加工阶段的不良品质，制作尺寸精度良好的中间产品，降低总组搭载时的返修率，实现精益造船。

图 2.20 油压机

图 2.21 折边构件的检查

2. 小组立

小组立是将两个或两个以上零件组成部件的生产过程，小组立工作应当视为分段的零件生产供应环节。其质量和精度应该做到标准化和稳定性生产，以确保后面工序的快速装配。

运用网格线进行零件划线，如板口 100mm 检查线、重要结构对位线、非结构面对位线等。小组立全部以网格线进行划线，如图 2.22 所示，对没有制作网格线的构件如 T 型材，则参照网格线进行制作。

在小组立阶段，需要进行小组立接板、划线和结构装配，并对小组立部件进行精度控制。小组立构件多为单面结构，焊接后会发生焊接变形，有时需要把构件反过来进行火工矫正，即背烧，结构矫正完毕后，检查网格线的完整性和准确性，杜绝系统性误差，以利于大组立。

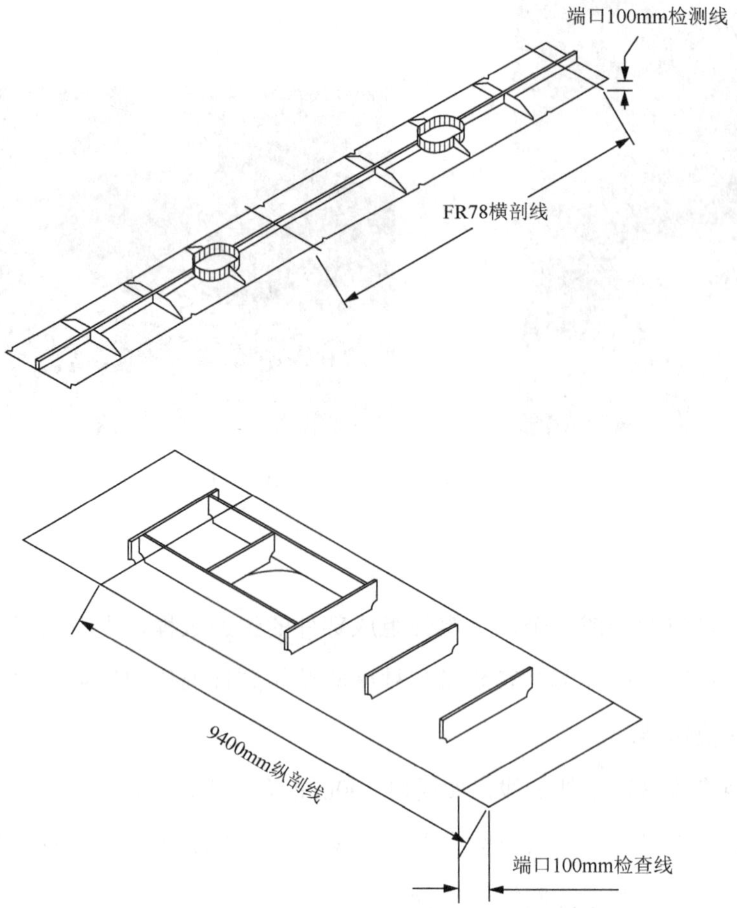

图 2.22　小组立网格线的应用

部件的角度主要分为直角和特殊角，直角（90°）利用直角尺（俗称拐尺）检查，特殊角利用电子角度尺或者机械角度尺进行定位和测量，如图 2.23 所示。施工人员根据角度尺将部件进行定位，必要时进行反变形设置并标明焊接顺序，以确保焊接后构件之间的装配角度。图 2.24 是垂直度管理现场检验。

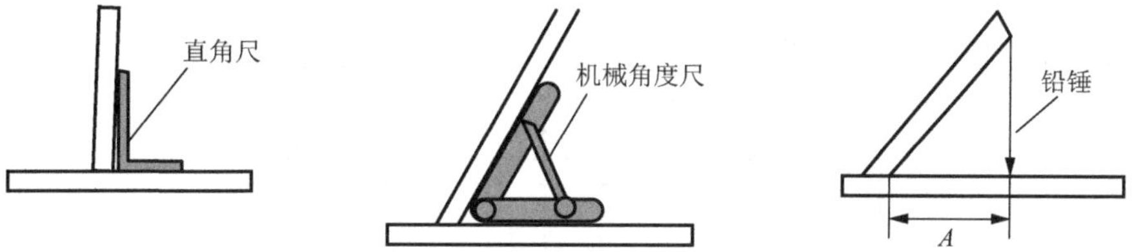

（a）垂直度管理　（b）机械角度尺测量　（c）利用铅锤控制角度

图 2.23　精度尺寸管理

图 2.24　垂直度管理现场检验

图 2.25 是拼板划线示意图。在数控划线阶段，钢板表面就被划了相应的网格线、肋位线和端口 100mm 检查线。图中①为中间标记有十字线的钢板，②为两侧标记有 100mm 检查线的拼焊钢板。拼板时按照数控划线的基准线定位，以线对线，保证接板精度。焊接之后检查对角线尺寸。常见的焊接方法有 CO_2 气体保护半自动焊接、埋弧焊焊接等。拼板时为防止焊接变形，应采用压铁或固定马强制固定，避免上翘或下垂，图 2.26 所示为埋弧焊法拼板焊接。然而焊接过程中需要大量马板，在焊后拆除马板的工序时间较长，随之而来的碳刨、打磨工序也不可避免，焊缝质量波动性较大，拼板精度难以控制。骨干船厂一般采用平面分段流水线的多丝埋弧焊［焊剂铜衬垫（flux copper backing，FCB）法］和焊剂石棉衬垫单面焊［软衬垫单面埋弧自动焊（flux adhesive fiberglass backing，FAB）法］等高效焊

接技术。曲型板的拼板通常在胎架上完成，以保证外板型值。

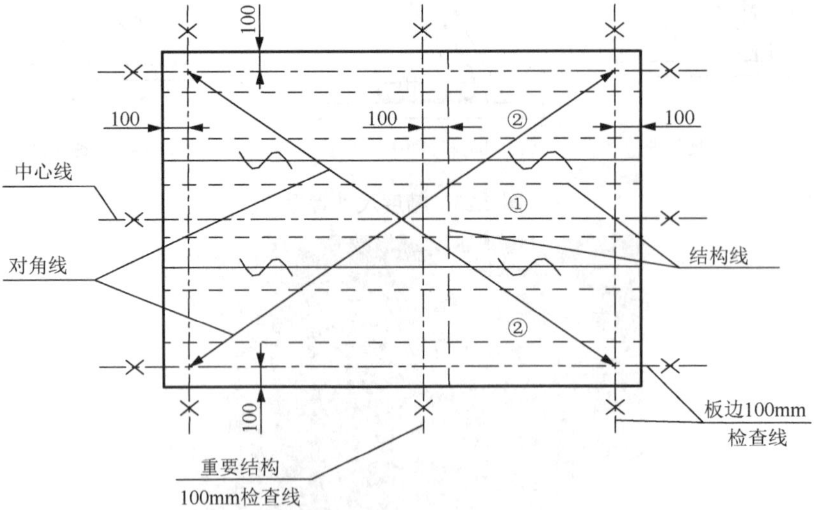

图 2.25　拼板划线示意图（单位：mm）

图 2.26　埋弧焊法拼板焊接

3. 中组立

图 2.27 和图 2.28 所示为双层底分段的结构对位情况，外底板和内底板均划有横纵向的网格线和板口 100mm 检查线，用来进行上下结构对位，并参考端口 100mm 检查线定位后进行拼接，然后进行焊接工序，并且检查分段端口的同面度。

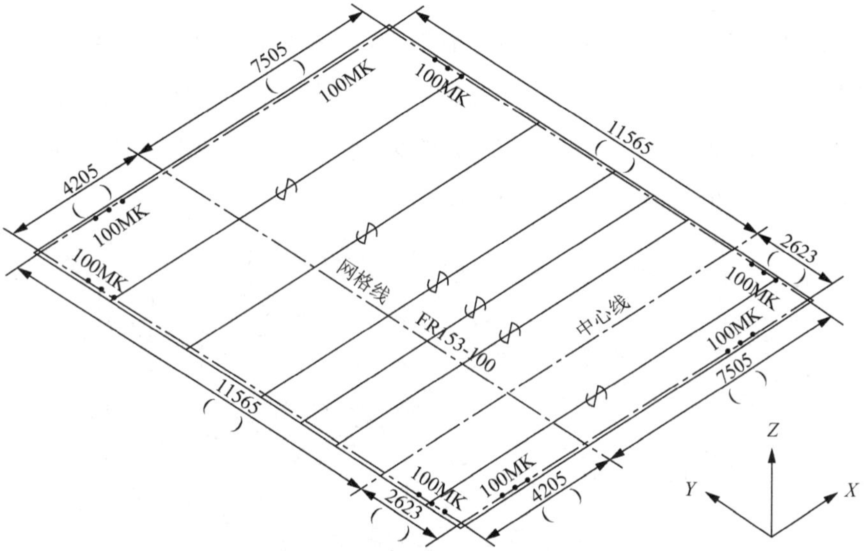

图 2.27　外底板拼板检测示意图（单位：mm）

MK：分段后道施工测量基准线，即 100mm 检查线

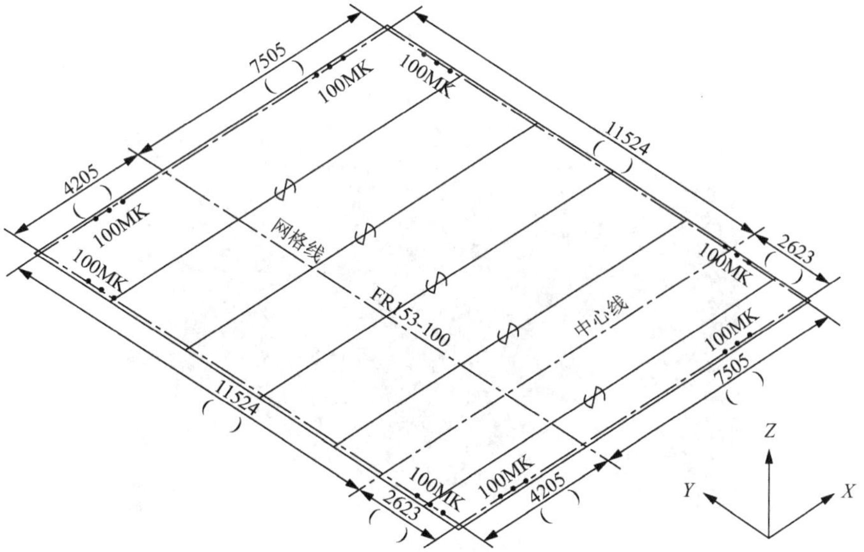

图 2.28　内底板拼板检测示意图（单位：mm）

分段内底板的拼装也利用数控网格线完成，以每单张板的横（纵）网格线为基准拼接，参考板口 100mm 检查线定位后进行焊接工序。主板材与构件装配时，利用小组阶段肋板或纵桁上的（横）纵剖线与胎板（横）纵剖线进行对位安装，并检查分段端口的同面度。如图 2.29 所示。

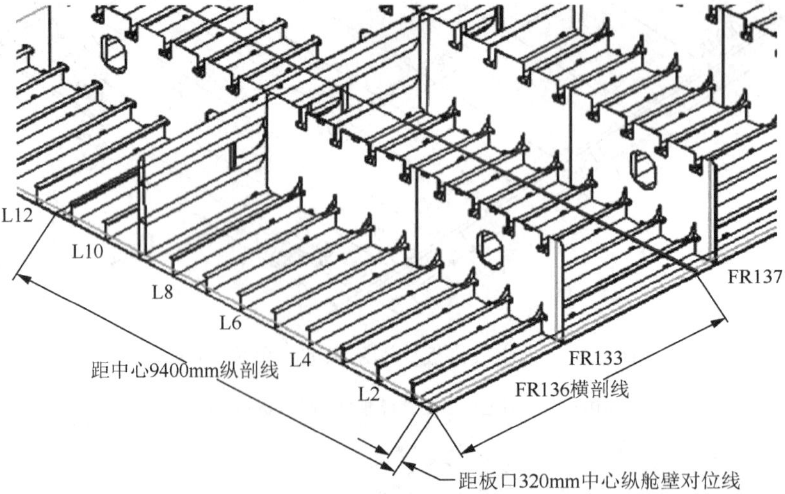

（a）网格线设计

（b）网格线的实际应用

图 2.29　中组立对位线的使用

中组立完工时所有构件除端口留焊区以外必须焊接完毕，且保证焊接质量。留焊区域如图 2.30 所示。检测中组立的完工尺寸、水平度、板的平整度、垂直度、同面度和重合度。结构复杂的中组立需要进行三维测量。

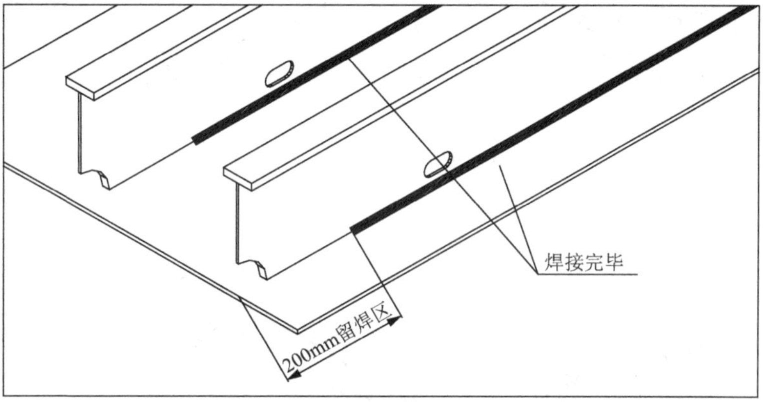

图 2.30 中组立完工后的留焊区域

4. 大组立

在进行大组立装配定位时，仍然以双层底结构为例，双层底中组立后分别形成了外底板架和内底板架两个片体（子分段），在大组立时仍然采用基准网格线进行定位拼装，检查上下两个子分段的前后左右位置和分段的扭曲情况，辅助以合拢缝端的 100mm 检查线检查端口的同面度，如图 2.31 所示，从而提高分段同面度的检测标准。

在建造工艺方面，某些船厂的双层底分段的装配工艺多采用板架拉入法进行装配，即翻身内底中组立构件，如图 2.32 所示，然后使用板架拉入法进行装配定位，这要求构件的制作精度能够满足拉入法的要求。

大组立完工阶段要对网格线及其相关辅助线做最终检查，包括利用三维数据分析修正网格线及其他相关辅助线。

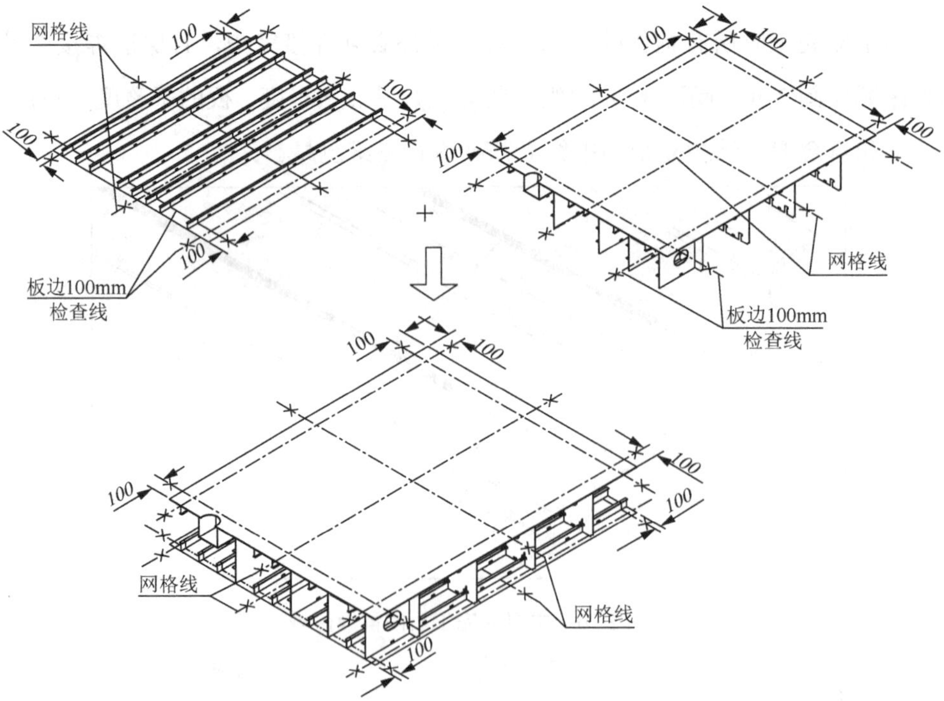

图 2.31　利用网格线进行双层底分段大组立拼装（单位：mm）

（a）内底翻身　　（b）拉入法装配

图 2.32　拉入法装配板架

对于曲型分段的建造，则要在胎架上制作，如图 2.33 所示。胎架是根据船体分段线型制造，用来承托建造船体分段并保证其线型准确性的专用工艺装备。胎架的主要作用是支撑分段重量，保证结构线型。胎架按照结构形式可划分为固定胎架和可调胎架（活络式），图 2.34 所示是支柱式胎架的结构示意图，图 2.35 是布置好的支柱式胎架阵列。胎架按选择基面划分为正切胎架、单斜切胎架、正斜切胎架和双斜切胎架。

（a）曲型分段胎架

（b）地样线重合度检查

图 2.33　胎架上制作曲型分段

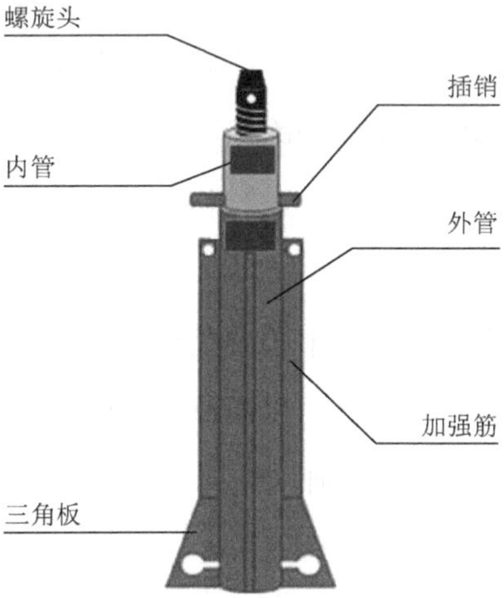

图 2.34　支柱式胎架的结构

图 2.35　支柱式胎架阵列

胎架制作前就应当在地面划出有关基准线，包括胎架中心线、肋骨检验线、外板四角定位线、外板板缝线，由检验员监督执行，并利用铅锤检查胎架地样中心的重合度，如图 2.33（b）所示。图 2.36 是胎心示意图，图 2.37 是胎心十字线检测，在胎位的中间地面预埋铁中心线位置上制作出基准十字线，现场施工单位根据此线拖尺对其他胎架位置进行确认。

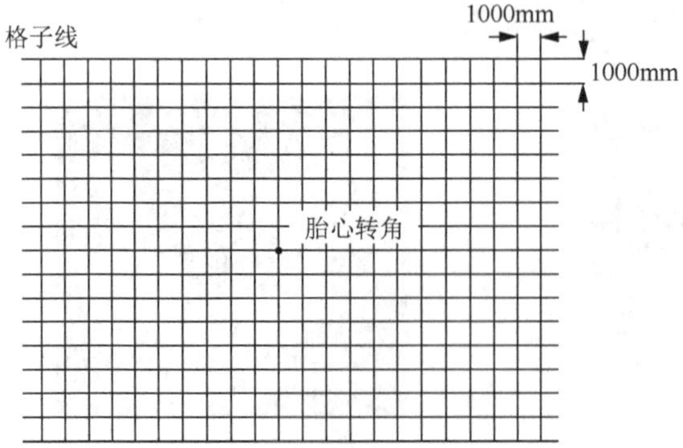

图 2.36　胎心示意图

图 2.37　胎心十字线检测

胎架制作好后，检验员要对分段胎架尺寸进行检查。胎架应设有加强斜撑，以确保垂直度和高度在分段制造时不会发生变化。胎架验收合格后，在胎架上拼板，按照地面基准线定位，全部结束之后，即可进入划线工序。

胎架划线工序如下。

1）平面胎架的铺板结构划线

根据结构图纸的相关数据，先确认肋骨检验线和胎架中心线是否达到精度标准，然后检验结构划线。重要结构如大肋板、水密舱壁等，以横纵网格线或胎架中心线为基准线，做一次性划线，检验时也应按照此项原则。

2）曲面胎架的铺板结构划线

曲面胎架的铺板定位结束后，应将地面上的角尺线反驳到铺板上，然后在铺板上画出角尺线，控制偏差。铺板结构划线检验要参照电算胎架图中的肋骨数据表和划线数据表上的数据进行。

分段上胎架的基本工艺过程如下。

（1）中组立、大组立在胎架上拼板，如图 2.38 所示，参见前面的平面接板、平面划线工序。

（2）内部构件的装配。按照数控划线的结构线进行安装，合拢缝端要按照100mm 检查线实施对齐，保证结构的同面度。

（3）子分段翻身进行完整分段的装配。定位首先以十字线为基准，检查子段的前后左右位置和分段的扭曲情况，辅助以合拢缝端的 100mm 检查线检查端口的同面度，如图 2.31 所示。

（4）子分段定位后进行装配。焊前要按照建造工艺的要求、精度检测方案和精度测量表进行精度检测，合格后方可进行焊接。

（5）焊接后，在精度检测前，要按照建造工艺的要求，将变形的部分进行背烧，达到建造质量标准后实施精度检测。精度合格后进行分段的完工检验。

（6）其他分段、艏艉过渡段、机舱艏艉分段参照此执行。

（7）最后按工艺要求用三维仪器进行数据测量。图 2.39 所示是分段完工后进行关键管理点的数据检测。

图 2.38　胎架上拼板

图 2.39　三维分段完工检测

在分段装配时对于焊接量比较大、焊缝密集的分段要求有反变形，科学合理地设计反变形能够得到设计要求的分段。

焊接完毕后，要对变形部分进行分段胎面的背烧和平整度检测。火工矫正要在切割下胎前完成，完工数据测量要对火工矫正、反变形等进行反馈，指导以后的工艺。

5. 焊接变形的矫正

在船体建造过程中，要经过许多道加工工序，会产生各种变形，如剪切的扭曲变形，气割的热变形，零件下料、划线偏差所造成的装配变形，结构在焊接时产生的焊接变形，板材和分段在吊运、翻身、运输过程中产生的变形等，常见的有以下几种。

“包凸”变形：结构在内力或外力作用（或共同作用）下所产生的凸凹不平。

“瘦马”变形：也称结构角变形，即采用大量筋板的结构在焊接后产生的类似波浪形的变形，如图 2.40 所示。

图 2.40　船体结构的焊接变形

其中，焊接导致的变形是船体结构变形的主要因素，造船焊接生产中要制定合理的控制焊接变形的措施，如焊接工艺规范文件，以及分段制造时的胎架和刚性基础等工装设备。当出现了焊接变形后，消除焊接变形的措施主要有机械矫正法和热矫正法。

机械矫正的机床为多辊矫平机，常见的有五辊、七辊、九辊、十五辊。板缝碾压机等可用于板材和构件矫正。手工矫正是使用大锤、手锤等简单工具，通过锤击、拍打、板扭等手工操作来矫正几何尺寸较小的板材和构件的变形。火焰矫正和高频感应加热矫正的力则来源于金属本身局部加热时的热胀冷缩变形。矫正变形的各种方法常结合使用，如在火焰矫正的同时对板材施加外力，在机械矫正时采用火焰进行局部加热或在机械矫正之后辅以手工矫正，这些方法都可以取得较好的矫正效果。

1）机械矫正

板材的变形一般在多辊矫平机上进行矫正。矫平机的工作部分由上下两列轴辊组成，见图 2.41。通常有 5～15 个工作轴辊，下列为主动辊，由轴承固定在机床上，由电机带动旋转，但不能做任何调节。传动辊和导向辊可用手动螺杆或电动升降装置做径向调节，可改变上下辊列的距离，以适应不同厚度板材的矫正。矫正时，板材随着轴辊的转动而啮入，并在上下轴辊之间受到方向相反力的作用，使板材产生小曲率半径的交变弯曲，当弯曲应力超过材料的屈服极限时就产生了塑性变形，使板材中长度不相等的纤维在受到反复的拉伸和压缩中趋于一致，从而达到矫正目的。

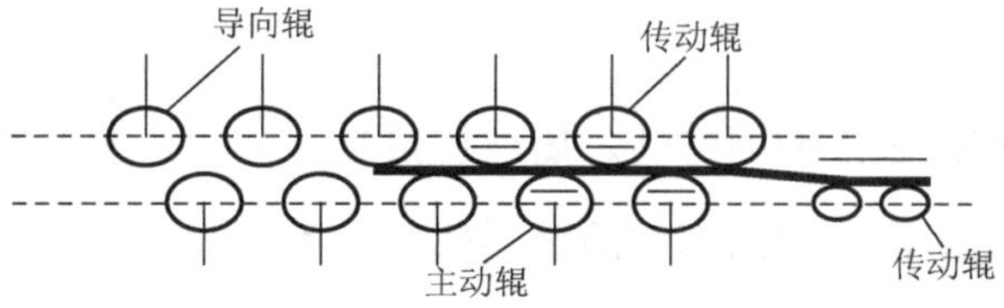

图 2.41　多辊矫平机的板材矫正

2）手工矫正

手工矫正最为常见的是使用大锤或手锤锤击板材表面相关部位，使该部件的金属延展、纤维伸长，达到矫正的目的。高强度钢薄板中部凸起俗称“膨包”，这是板材四周紧中间松造成的。矫正时可由凸起部位的边缘开始向四周锤击，越接近板边，锤击密度就越大，锤击的力也越大，使各部分金属得到不同程度的伸长，使凸起变形消除，如图 2.42 所示。

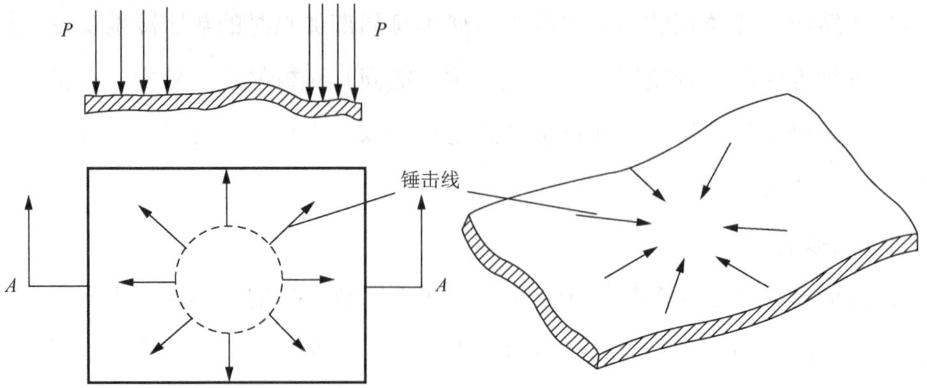

（a）中间凸起　　（b）边缘成波浪形

图 2.42　锤击方向示意图

3）火工矫正

利用氧-乙炔火焰对焊件上已产生伸长变形的部位进行加热，利用冷却时产生的收缩变形来矫正焊件原有的伸长变形，这种方法称为火工矫正或者火焰矫正。所以，火工矫正是利用金属局部加热后所产生新的变形抵消原来变形而达到矫正的目的。

金属板材具有热胀冷缩的特性。局部加热时，被加热的金属膨胀，由于周围温度低，膨胀受到阻碍，加热部位的金属板材受到压缩应力作用，当加热温度达到 600～700℃时，应力超过屈服极限，就会产生塑性变形。

分段制作时会发生较大的焊接变形，尤其合拢缝处的焊接变形给分段的定位、搭载带来很大的困难。为避免在总组或搭载阶段进行火工作业，造成大面积的漆膜烧损而进行大量的补涂工作，最好在分段制作阶段就对合拢缝处进行火工矫正，并设置一定量的反变形值。此措施有利于缩短船舶建造周期，同时为满足新涂层标准（PSPC）要求提供了有力保障。常见的火工矫正工艺有背烧和线状加热法。

背烧：为了预防船体变形和消除焊接时产生的残余应力，修整变形，而在焊脚背面进行火工的作业，背烧的范围见图 2.43。

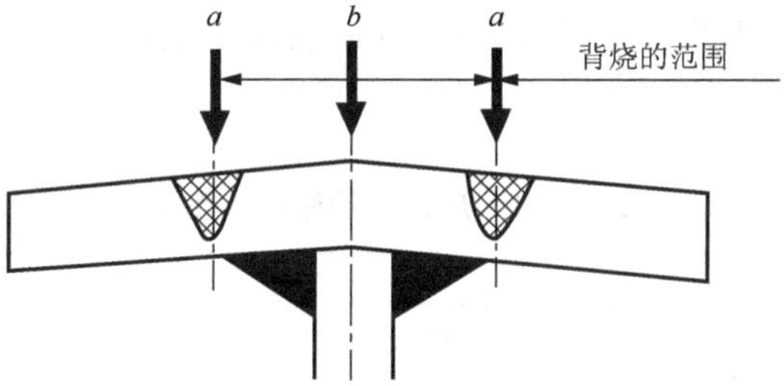

图 2.43 背烧

线状加热法：线状加热法加热呈线状，如图 2.44 所示，由于常使用骨架板反面“瘦脊”部位，线状加热常在骨架板反面“瘦瘠”部位加热，以消除板架的波浪变形和“瘦马”变形。

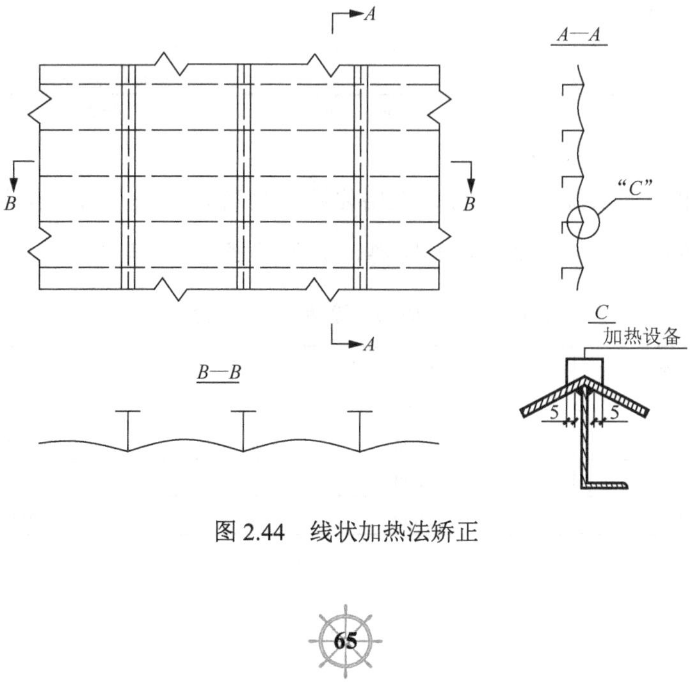

图 2.44 线状加热法矫正

从事火工矫正的工人在操作前必须经过系统的培训，掌握火工矫正的操作要领。操作时必须严格控制火焰温度，防止损伤母材表面。通常加热温度不得超过700℃，为了提高矫正的效果，可调整加热带的宽度，而不能提高加热温度。在矫正薄板时，可采用氧化火焰，并做快速移动。对不锈钢、合金钢等不宜采用氧化火焰。必须注意加热温度，防止加热温度过高而引起母材的损伤，火工矫正时允许的最高加热温度见表2.2。

表 2.2　火工矫正时的最高加热温度

<table>
<tr><th colspan="3">项目</th><th>标准范围</th><th>允许极限</th><th>备注</th></tr>
<tr><td rowspan="6">表面最高加热温度</td><td rowspan="3">高强度钢
$C_{eq}>0.38\%$</td><td>加热后立即进行水冷却</td><td>650℃以下</td><td>650℃</td><td rowspan="5">碳当量计算公式：
$C_{eq}=w_C+\frac{w_{Mn}}{6}+\frac{w_{Cr}+w_{Mo}+w_V}{5}+\frac{w_{Ni}+w_{Cu}}{15}$</td></tr>
<tr><td>加热后空气冷却</td><td>900℃以下</td><td>900℃</td></tr>
<tr><td>加热后先空气冷却，然后进行水冷却</td><td>900℃以下空气冷却下降到500℃以下水冷</td><td>900℃（空气冷却)500℃(水冷）</td></tr>
<tr><td>高强度钢
$C_{eq}\leqslant0.38\%$
AH～DH</td><td>加热后立即水冷却或空气冷却</td><td>1000℃以下</td><td>1000℃</td></tr>
<tr><td>高强度钢
$C_{eq}\leqslant0.38\%$EH</td><td>加热后立即水冷却或空气冷却</td><td>900℃以下</td><td>900℃</td></tr>
<tr><td>TMCP低温用钢</td><td>加热后先空气冷却，然后进行水冷却</td><td>900℃以下空气冷却下降到550℃以下水冷</td><td>900℃（空气冷却)500℃(水冷）</td><td></td></tr>
</table>

注：C_{eq}为碳当量；w_{Mn}、w_{Cr}、w_{Mo}、w_V、w_{Ni}、w_{Cu}表示相应元素在钢中的质量分数。在计算碳当量时，元素质量分数都取其成分范围的上限

为防止钢板加热温度过高将钢板熔化和提高矫正效果，必须按照板厚选择合适的加热嘴流量、加热速度和焰心距离，具体见表2.3和表2.4。

表 2.3　板厚与加热嘴流量和加热速度的关系

钢板厚度/mm	加热嘴流量/（L/h）	加热速度/（mm/min）
3～4.5	500	800～1500
5～8	1000	700～1000
9～12	1600	500～1000
13～16	2000	400～800

续表

钢板厚度/mm	加热嘴流量/（L/h）	加热速度/（mm/min）
17～22	2500	350～800
23～28	3150	300～500
29	3500 以上	250～500

表 2.4　板厚与火嘴距离比照表　　（单位：mm）

板材厚度	焰心距离	板材厚度	焰心距离
3～5	−2～0	16～22	3～4
6～9	0	23～28	4～5
10～15	0～3	30	6～10

注：焰心距离是指焰心末端距板材表面的距离，负值表示钢板表面深入焰心的距离

为提高矫正效率，应采用火工矫正。当矫正厚度 4～8mm 的钢板时，加热温度取 600～800℃，水火间距取 20～30mm，当板厚大于 8mm 时，水火间距应取大些。

6. 总组和搭载

1）总组和搭载精度控制要点

（1）总组和搭载时以对应的网格线为重要定位依据，辅以船台、船坞的坞底网格线进行搭载定位，如图 2.45 所示。

（2）分段到位以后，首先根据基准网格线、板口 100mm 检查线检查分段和相邻分段的相对位置：①前后方向以板口 100mm 检查线检查肋骨间距和合拢缝的间隙。②以两个分段的横向“十”字线（即肋位的 100mm 检查线）检查两线之间的间距，作为尺寸链的封闭检查。③将该分段的中心线、半宽线等通过仪器或其他手段投影到坞底的地面，和坞底的网格线进行校核检查。④左右方向类似，以板口 100mm 检查线检查纵骨间距，利用纵剖线检查两线之间的距离作为尺寸链的封闭检查，辅以坞底的半宽线进行校核检查。⑤在高度方向，以板口 100mm 检查线检查间距，利用水线之间的距离进行尺寸链的封闭检查。⑥板口 100mm 检查线

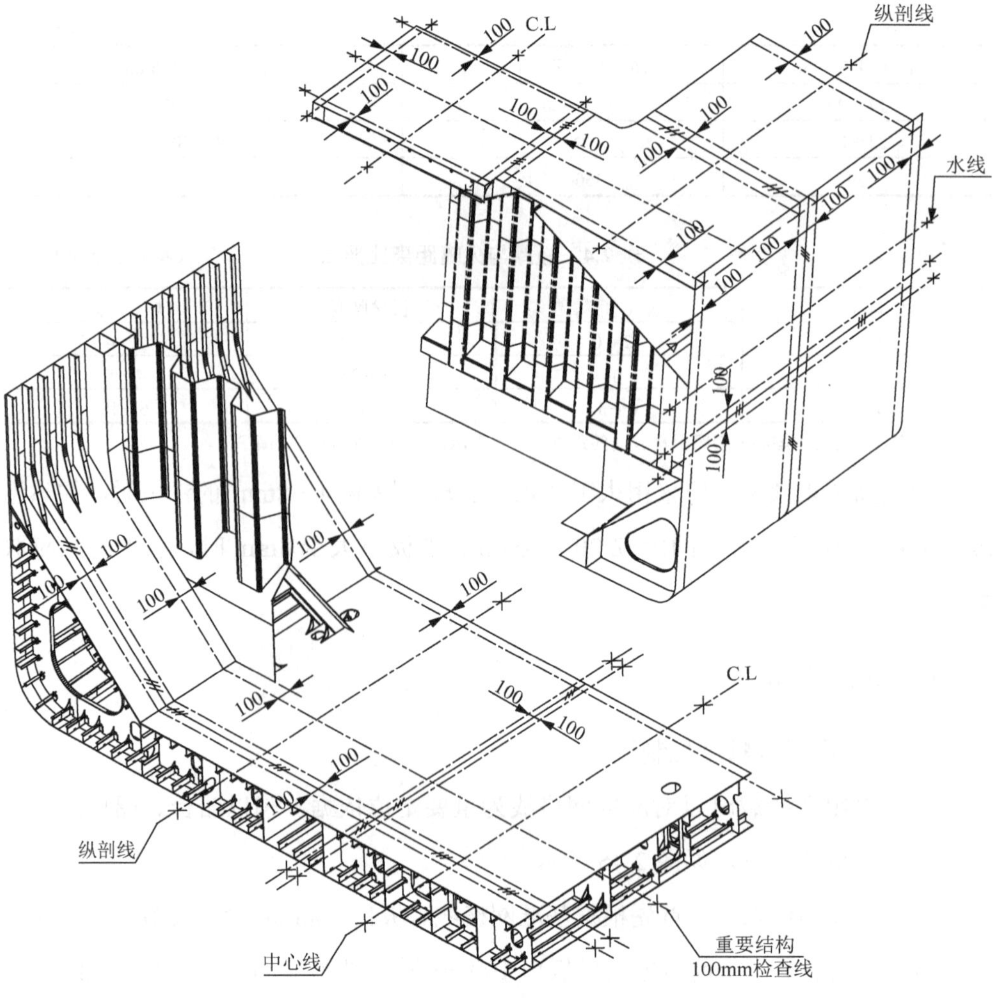

图 2.45　搭载定位（单位：mm）

的检查、基准网格线间距的检查、投影到坞底与坞底网格线的检查必须全部进行，确保尺寸链的封闭。⑦对于底部分段和机舱甲板的搭载，要加强基准网格线的控制，内底平面的基准线是舷侧、甲板等分段搭载的重要参照，可以将仪器放置于内底表面，用仪器进行相关准线的对合检查，提高找正的效率，降低登高作业的风险。机舱、甲板的搭载要加强基准网格线的控制，这是上层建筑结构对位的重要保证。⑧甲板面的找正作业参照底部执行。⑨其他分段的搭载，采用基准网格线控制，方法根据不同分段的情况制定。

2）搭载过程

对于船体的总组，首先要根据各自的建造法选好基准段，作为搭载的基准。例如采用岛式建造法时，大都选择中间稍靠艉的分段为基准段，以保证艏艉分段搭载工作量的平衡。搭载的原则是使分段处于最佳状态，即在分段自身误差的影响下保证分段的绝大多数结构处于理论值状态。

船体底部部分段是船舶的基础，只有底部分段搭载好了，整艘船的建造才能顺利地进行。下面以基准段 G108 的搭载为例进行简要说明（图 2.46）。

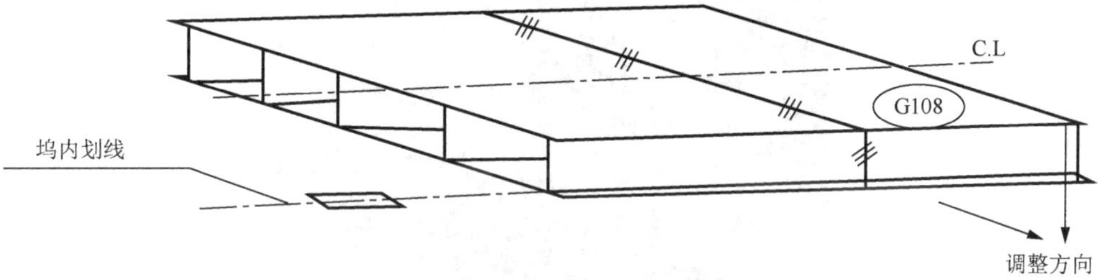

图 2.46　底部基准段 G108 的搭载过程

（1）坞内划线。用全站仪在坞内投影船体中心线、肋位线、最大半宽线等精确划作。

（2）根据布墩图摆放支撑墩的位置。

（3）测量墩木水平度，吊装每个分段至指定的墩木位置。

（4）对于基准分段，吊装就位后测量内底水平，观察分段的水平值是否需要调整。

（5）找正分段中心。在分段水平调整好的情况下，将铅锤挂在分段艏艉口中心线处。①找分段的艏艉位置，用全站仪测量分段端口管理点的三维坐标，调整分段端面，使基准段艏艉合拢口对应船坞地面的纵向理论线位置；②用水平仪测量基准段内底水平，调整至公差范围之内；③打紧墩木，使得墩木和分段底部紧密结合。

其他分段搭载时按照上述精度控制要点进行搭载对位。

其他分段在制作、涂装完毕后，由平板车运输分段至船台或船坞，如图 2.47 所示。然后通过吊车吊装分段至搭载场地进行总组，图 2.48 是分段吊装总组。图 2.49 是分段总组用的水泥墩。图 2.50 是船坞。图 2.51 是船坞里的高架敦，这种高架墩可以有效支撑船体分段，与传统的墩木相比，高架墩可以有效地降低支撑结构对涂层的破坏。

图 2.47　平板车运输船体分段

图 2.48　分段吊装总组

图 2.49 分段总组用的水泥墩

图 2.50 船坞

图 2.51 船坞里的高架墩

7. 模拟搭载技术

如前所述，船舶建造过程中存在积累误差，即从零件加工到船坞搭载的每个阶段产生的误差最终在船坞搭载时显现得最为明显。而船坞作业环境复杂，存在相当大的不安全因素，并使生产效率受影响。模拟搭载就是预先了解要搭载的总段精度偏差值及坞道内基准分段的精度偏差值，在电脑中预先进行搭载模拟，分析得出有效的修正方案，并先行解决问题，得出最佳搭载方案，指导现场搭载作业，保证精度质量，有效提升船坞生产效率。国内的一些船厂普遍使用韩国 Eco-System 软件，该软件有一个模拟搭载的软件包，模拟搭载的流程如图 2.52 所示。

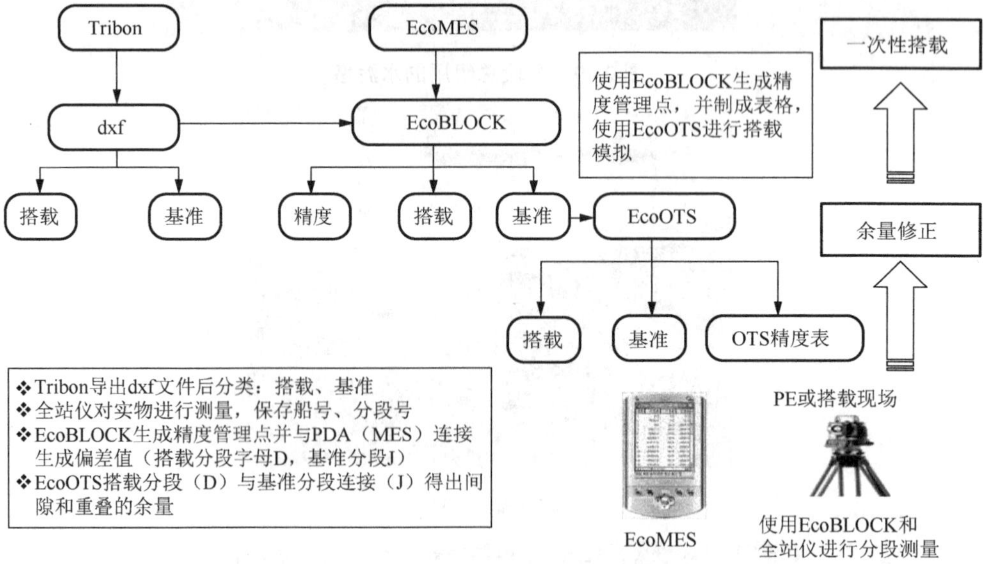

图 2.52 模拟搭载的流程（Eco-System）

PE：pre-erection，预合拢

1）数据测量采集

使用 EcoMES 进行搭载分段和基准分段的现场分段数据测量和采集，测量时利用掌上电脑（personal digital assistant，PDA）与全站仪连接进行分段测量。

2）设计模型

因为模拟搭载要以设计模型为基础，要先从 Tribon 中调出相应的设计数据，在 Tribon 模型中添加管理点。

3）分段连接

对测量采集的搭载分段数据与模型设计数据进行连接（EcoBLOCK），生成偏差值，掌握搭载分段与基准分段的精度情况。

4）模拟搭载

将搭载分段数据与模型设计数据之间的偏差值与基准分段生成的偏差值连接。在模拟搭载软件 EcoOTS 中生成搭载分段和基准分段之间重叠和间隙的偏差值。

5）精度校对表格

在搭载软件中把两个分段搭载时的重叠和偏差值打印出来，根据精度校对表格指导现场施工作业，分析余量，设计出搭载方案达到一次性搭载的目的。

图 2.53 和图 2.54 分别是传统搭载方法和模拟搭载方法的流程图。传统搭载方法是吊车把分段吊运到位后，用水管、铅锤等工具，利用吊车进行分段的找正。而模拟搭载则首先利用全站仪测量分段及其合拢口的坐标数据，然后把测量的数据导入软件里进行分析，利用 EcoOTS 模块分析搭载过程，考虑实际搭载中水平、中心对正、结构对位等因素，给出分段的定位精度和余量信息，在实际搭载时把分段一次性吊运到位，进行分段装焊即可。

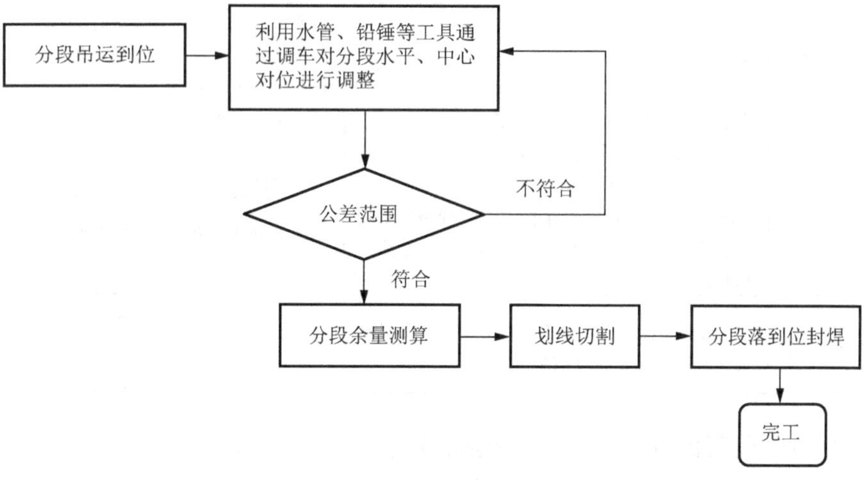

图 2.53　传统搭载方法流程图

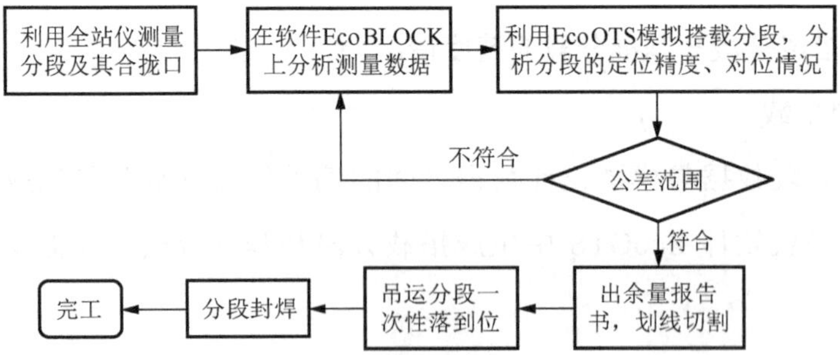

图 2.54　模拟搭载方法流程图

表 2.5 是某厂总结的传统搭载方法和模拟搭载方法的效果对比，对于传统搭载，搭载过程要有吊车配合，一切以现场测量为准，然后进行现场的修割，劳动强度大，精度不好保证。而模拟搭载可以把精度问题做到事前把握，搭载时吊车一次吊装分段到位，工作效率高，现场几乎没有切修工作，降低了劳动强度，提高了搭载效率。

表 2.5　分段搭载效果对比表

项目	传统搭载方法	模拟搭载方法
工具	卷尺、铅锤、水管	全站仪+软件
搭载前准备	不需做准备工作	需要对分段及其合拢口进行测量； 利用软件对数据进行分析和模拟； 计算出余量后划线切割
吊装时间	需要利用吊车进行分段的调整； 测算出余量后等待划线、切割； 吊装时间为 6～7 小时	无须吊车调整； 一次性吊装到位； 吊装时间为 3～4 小时
劳动强度	分段吊运上船后进行划线、切割，噪声、夏天高温等导致作业环境差，劳动强度大，尤其是切割作业	吊运前划线、切割，分段摆放位置有利于作业，降低了劳动强度
搭载精度控制	分段吊运到位后进行调整，对出现的精度问题现场解决，保证精度控制现场性	分段未吊运前在电脑上对分段进行分析，把可能出现的精度问题在吊运前消化掉，精度控制更具预控性

在分段阶段要做好相邻分段的模拟搭载，为坞内搭载创造好的条件。考虑到移运和放置对分段的精度会有影响，影响的程度与分段形状、结构有关，所以模

拟搭载要根据坞内搭载状态进行。坞内的模拟搭载要充分利用分段阶段的三维数据，避免重复测量。

2.4 船体建造精度标准

精度控制的实质是科学管理与先进制造技术的结合，制定有效的精度标准需要有成熟的工艺技术、先进的生产设备及科学的管理团队作为保障。造船精度标准必须考虑造船经济性因素，当船舶建造的某工序精度降低时，该工序的加工成本是减少的，但同时，也带来了下道工序修整成本的增加。选择合适的精度等级，就是要找到总成本最低的那个平衡点。

2.4.1 标准的分类

船体建造精度标准是指船舶设计制造与质量部门为确保船体建造质量而制定的技术文件，也是推行船体建造精度控制、实施尺寸精度控制的依据。按其适用范围一般可分为三类：行业标准、企业标准和作业标准[3]。

1）行业标准

行业标准是指同行业共同制定的标准。作为造船行业的船体建造精度标准，既要反映国内整个造船业船体建造精度的质量水平，又要满足国外有关标准的要求。行业标准是船厂为了满足船级社和船东要求必须遵守的技术文件。军用舰船的船体建造精度要求，必须满足舰艇建造的有关规范。

我国充分考虑生产厂家的实际工艺水平及检测水平，在满足船体结构强度与船舶性能、符合有关规范和标准的前提下，考虑精度标准技术上的先进性与经济性，在 1983 年制定了《船体建造标准》（CB 3136—1983）（$L \geqslant 90$m）及《中小型船舶船体建造精度标准》（CB 3195—1983）。1995 年，根据新技术的应用，我国修订了这些标准，以《船体建造标准》（CB/T 3136—1995）和《中小型船舶船体建造精度标准》（CB/T 3195—1995）代替原有标准。后来又制定了《中国造船质量标准》（1998 年版）等。随着造船工业的发展与工艺的进步，2005 年国防科学技术工业委员会发布了《中国造船质量标准》（CB/T 4000—2005），替代了《中国造船质量标准》（1998 年版），该标准的第三篇第 1 章的内容覆盖并替代了《船体建造精度标准》（CB/T 3136—1995）和《中国小型船舶船体建造精度标准》（CB/T 3195—1995）。目前，最新的版本是 2016 年修订的《中国造船质量标准》（China Shipbuilding Quality Standard，CSQS）（GB/T 34000—2016）。我国的行业标准还有《船舶建造施工质量评级标准》等。

国外有关船体建造精度的行业标准有：《日本造船质量标准》（Japanese Shipbuilding Quality Standard，JSQS）、《韩国造船质量标准》（Korea Shipbuilding Quality Standard，KSQS）、国际船级联合会（International Association of Classification Societies，IACS）的《船舶建造和修理质量标准》等。

2）企业标准

企业标准是由企业制定的标准。一般参照船舶行业标准，并结合本企业生产设计的实际情况，编制成本企业的企业标准。作为造船企业的船体建造精度标准，既要反映本企业船体建造精度的质量水平，又要满足行业标准的有关要求。企业标准是制定行业标准的基础，行业标准又是制定企业标准的依据。企业生产产品应制定不低于国家标准、行业标准或地方标准的企业标准，作为内部质量控制的依据，在企业内部适用。作为内控质量标准，其精度一般比其他标准要严。

各船厂企业标准各不相同，项目和内容一般比行业标准有所增加，作为公差等级的“标准范围”和“允许界限”的要求亦有所提高。

军品主要执行国家军用系列标准 GJB，其他标准为补充。现有的《国家军用标准目录》是 2010 年 7 月由中国航空综合技术研究院编制；《军用标准文件分类》

（JB 832A—2005）规定的大类目数量为 25 个，小类为 233 类。

3）作业标准

作业标准是船厂为确保船体建造精度能控制在企业标准范围内，而制定的作业要领与作业精度标准。作业标准是船厂长期以来在船体建造中实施精度控制的经验总结，作为船体建造的作业标准既要反映优秀操作人员的最佳作业方法与所应控制的精度数值，又要满足企业标准的有关要求。

作业标准内容包括船体建造工种或工序的通用工艺、各作业准备工作要求（设施与工具等）、作业顺序和方法、报验阶段与精度目标值等。制定与贯彻作业标准是确保船体建造精度的有力措施，也是推进精度控制深入开展所必要的基础工作。作业标准与企业标准和行业标准的关系：作业标准精度要求高于企业标准，也高于行业的精度标准。

标准化是所有的生产提高效率的基础，与质量保证有极密切的关系。设计的标准化、制造程序的标准化等标准化活动，与质量保证原理是不可分离的，反过来，质量保证活动又与标准化的推进有关。

船舶建造精度标准的主要内容为：对钢材表面缺陷的规定；船体主尺度精度；放样、划线和号料精度；零部件制造精度；分段制造精度；船台安装精度；焊缝外形质量要求；船体结构的装配精度；零部件变形矫正要求；吃水标尺及干舷标志要求；脚手架眼板和吊装眼板修整等。

2.4.2 精度控制标准制订与应用

精度控制标准制订原则如下。

（1）满足船体结构强度与性能要求，也就是规定船体建造的精度以界限内其强度下降不超过 10%为原则，这个原则应用于对接接头或十字接头错位的精度标准中，这种偏差称为允许极限。在满足强度要求的同时，还必须注意满足船体设计性能上的各种要求，如船体完工主尺度精度将直接影响船舶航行时的排水量、稳性和快速性，艉柱分段的安装精度又将直接影响轴系、舵系的效用和航向稳定性。

（2）符合有关规范、规则与国标、船标的规定，目的是确保船舶性能、航行安全和建造质量。

（3）必须考虑船厂设施条件和工艺技术水平，否则会导致标准脱离实际，无法执行。因此企业在制定标准时，要参照企业的主要产品，将某些船体特殊结构的精度要求纳入企业标准。

（4）具有先进性和经济性。精度控制标准的制订应具有一定的先进性，促进船厂的工艺水平提高，还要在保证船体建造质量的前提下，考虑工艺技术的可行性与经济上的合理性。

2.4.3　精度控制标准内容

船体建造精度标准内容可分为精度检验标准、补偿量标准和工艺标准。这里主要介绍精度检验标准，精度检验标准是精度造船目标在工序上的细化。船体精度检验标准主要包括船体主尺度精度、船台（船坞）装配精度、船体分段精度和零件切割精度[3]。

1）船体主尺度精度标准

船体建造完毕后，船体主尺度符合船东要求是精度造船的主要目标。表 2.6 是船体主尺度精度标准，参考了《中国造船质量标准》（GB/T 34000—2016）。

表 2.6　船体主尺度精度标准　　（单位：mm）

项目		标准范围	允许极限
总长度或两柱间长 L	L<100000	$\pm L/1000$	—
	L≥100000	$\pm[100+(L-10000)/1500]$	
型宽 B		$\pm B/1000$	
型深 D		$\pm D/1000$	

2）船台（船坞）装配精度标准

表 2.7 是船台（船坞）装配精度标准。

表 2.7 船台（船坞）装配精度标准 （单位：mm）

<table>
<tr><th colspan="2">项目</th><th>标准范围</th><th>允许极限</th><th>备注</th></tr>
<tr><td rowspan="6">中心线</td><td>双层底分段与船台（船坞）</td><td>≤3.0</td><td>≤5.0</td><td rowspan="2">—</td></tr>
<tr><td>甲板、平台、横隔舱壁与双层底</td><td>≤5.0</td><td>≤8.0</td></tr>
<tr><td>艏艉端点与船台（船坞）</td><td>$<0.1\%h_5$</td><td>$<0.15\%h_5$</td><td>h_5 为艏艉端点处高度</td></tr>
<tr><td>上层建筑与甲板</td><td rowspan="2">≤4.0</td><td rowspan="3">≤8.0</td><td rowspan="12">—</td></tr>
<tr><td>上舵承中心线与船台（船坞）</td></tr>
<tr><td>艉轴孔中心线与船台（船坞）</td><td>≤5.0</td></tr>
<tr><td rowspan="4">水平线</td><td>底部、平台、甲板四角水平</td><td>±8.0</td><td>±12.0</td></tr>
<tr><td>舱壁左右（前后）水平</td><td>±4.0</td><td>±6.0</td></tr>
<tr><td>舷侧分段前后水平</td><td>±5.0</td><td>±10.0</td></tr>
<tr><td>上层建筑四角水平</td><td>±10.0</td><td>±15.0</td></tr>
<tr><td rowspan="3">定位
高度</td><td>舱壁</td><td>±3.0</td><td>±6.0</td></tr>
<tr><td>舷侧分段</td><td>±5.0</td><td>±8.0</td></tr>
<tr><td>上层建筑</td><td>≤10.0</td><td>≤15.0</td></tr>
<tr><td colspan="2">分段接缝处肋距</td><td>±10.0</td><td>±20.0</td></tr>
<tr><td colspan="2">舱壁垂直度</td><td>$<0.1\%\ h_6$ 且<10.0</td><td>$<0.12\%\ h_6$ 且<12.0</td><td>h_6 为舱壁高度</td></tr>
</table>

3）船体分段精度标准

根据船体分段的结构特点，船体分段可分为平面分段、曲面分段、双壳分段、立体分段、半立体分段、含主机座的分段和含艉柱的分段。这里只列出平面分段、曲面分段、立体分段和含主机座的分段等的装配尺寸偏差，其他分段可以查阅《中国造船质量标准》（GB/T 34000—2016）。

（1）平面和曲面分段精度标准。平面和曲面分段主要是船体中单舷侧和隔舱类型的分段，这类分段主要由一个片体组成，结构简单、刚性差，尽量采用槽钢加强。表 2.8 是平面和曲面分段装配尺寸偏差。

表 2.8　平面与曲面分段装配尺寸偏差　　　　（单位：mm）

项目		标准范围	允许极限	备注
分段宽度	平面	±4	±6	—
	曲面		±8	
分段长度	平面		±6	
	曲面		±8	
分段方正度	平面	≤5	≤10	指最终划线的对角线偏差
	曲面	≤10	≤15	
分段扭曲度			≤20	在横梁或桁材面板上测量
内部构件相对于板的偏离		≤5	≤10	—
高度偏差		±2.0	±3.0	—
断差		−2.0～3.0	−3.0～5.0	—

（2）立体分段装配尺寸偏差。立体分段主要是船体艏艉的封闭分段和货舱区的舭部、顶边舱分段。这类分段刚性大，结构稍复杂，要重点关注上下平面的中心线差、肋位线差，以及分段扭曲度和分段主尺度。立体分段装配尺寸偏差如表 2.9 所示。

表 2.9　立体分段装配尺寸偏差　　　　（单位：mm）

项目		标准范围	允许极限	备注
上下平面的中心线差	平面立体	≤4	≤7	—
	曲面立体	≤4	≤7	
上下平面的肋位线差	平面立体	≤4	≤7	
	曲面立体	≤6	≤12	
分段扭曲度（指大型刚性立体分段）	平面立体	≤10	≤20	测量方法：在主要平面上，以 3 点作平面，然后测量另一点对该平面的偏差
	曲面立体	≤15	≤25	
同一水平结构的高度		±4	±6	—
两个水平面结构间底板高度		±5	±10	—
内部构件相对于基准线的偏离		±3	±5	
分段宽度	平面	±4	±6	—
	曲面		±8	
分段长度	平面		±6	—
	曲面		±8	

（3）含主机座的分段装配尺寸偏差标准。主机机座分段主要在上面安装主机，结构较简单但对基座面板的平面度及长宽要求很高，基座纵桁与主机轴的中心线偏差也是重点。其他项目则与立体分段的精度控制标准相同，含主机座分段的装配尺寸偏差见表 2.10。

表 2.10　含主机座分段的装配尺寸偏差　　（单位：mm）

项目	标准范围	允许极限
基座面板平面度	≤5	≤10
基座面板长度及宽度	−2 +4	−4 +6
机座纵桁与主机轴中心线偏差	±2	±4
其他项目	按表 2.9	

4）零件切割精度标准

零件的切割精度直接决定着船体建造精度，要高度重视切割精度。目前已大量使用数控切割，零件切割设备理论精度已经可以达到尺寸偏差 0.5mm 以内，这给零件精度控制带来很大便利。零件切割精度标准见表 2.11。

表 2.11　船体零件切割精度标准

项目			标准范围	允许极限	备注
板边缘直线度	自动焊缝		≤0.4	≤0.5	直线度以 mm/m 计
	半自动焊缝及手工焊缝		≤1.5	≤2.5	
坡口面尺寸	坡口面角度 θ	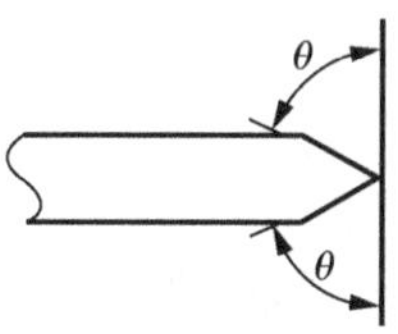	±2°	±4°	—
	坡口深度 d	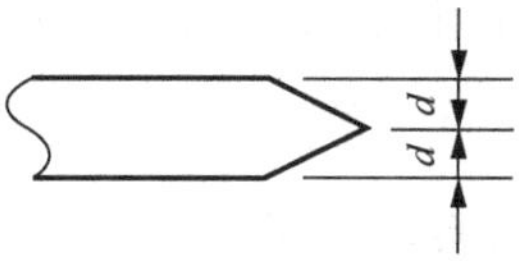	±1.5mm	±2.0mm	

续表

项目			标准范围	允许极限	备注
坡口面尺寸	过渡段长度 l	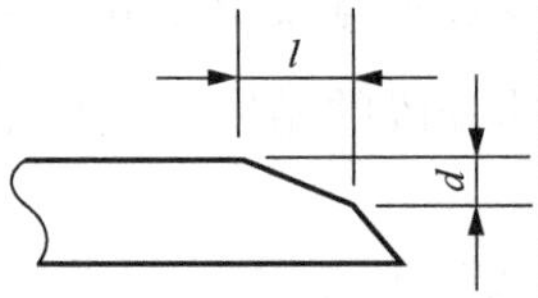	±0.5 d	±0.1 d	—
构件尺寸	主要构件		±2.5mm	±4.0mm	双层底肋板、桁材等
	次要构件		±3.5mm	±5.0mm	
	面板宽度偏差		±2.0mm	+4.0mm −3.0mm	—

2.5 补偿量的加放

在船体生产设计中，精度控制最核心的技术就是补偿量的加放，以补偿量替代余量，每个制造阶段的尺寸精度都符合本工序的制造要求。合理的补偿量设计主要有以下两个要点：①精确测量和记录船体建造全过程，例如，精确测量和记录各零部件的尺寸、规格，建立零部件数据库；②针对数据库中记录的内容，采用量化分析的方法细致地分析船体零部件，以便预测出相应的补偿量，包括焊接补偿量、切割补偿量、搭载装配补偿量、曲面成型补偿量等，并建立好相应的数学模型。

2.5.1 造船补偿量的发展历史

造船精度控制理论的发展起源于机械制造中的公差与配合。20 世纪 50 年代末有两大技术突破：一是苏联造船应用激光经纬仪对船体分段采用预修整，按净尺寸上船台；二是日本开始接受质量管理的新思路，将统计质量管理和群众性质量管理结合，发展成造船质量管理体系，对船体建造过程中的构件尺寸开始进行精度控制研究。

20 世纪 60 年代起造船界开始运用数理统计与尺寸链技术探索船体建造公差和合理分配的问题，并进一步扩大到管系互换性安装与机械设备安装等领域。精度造船成熟于 20 世纪 70 年代日本造船业，通过生产实践积累经验，日本的船厂用经验数值和公式解决热变形的补偿问题，并对热塑性变形理论进行研究。到 20 世纪 80 年代，日本成功应用电子计算机技术开发补偿系统，通过大量现场实测数据，给出了零部件、分段、船台装焊所产生的热收缩变形，掌握了船体建造过程中几乎所有加工过程的变形规律，因而能给绝大部分零部件、分段一个可靠的补偿量及船台装配的调整量，并开发了计算机辅助补偿量确定系统，充实到船型信息集成系统中，以方便生产设计和制图工作。

我国在这方面起步较晚，从 20 世纪 60～70 年代引入并重视研究，到 80～90 年代才取得一些成绩。中国船舶工业总公司将无余量制造和无余量下坞列入对各造船企业技术考核指标内容之一，表明国内对补偿量加放技术的重视程度。“无余量”包含两层意思，一是分段有余量，可以通过预修整后完成无余量制造或无余量下坞；另一是通过补偿量设置。因此，精度控制的发展也经历了以下几个发展阶段：①分段带余量吊装，在船台或船坞“净荒”，即分段预留 50mm 余量，在船台或船坞工作阶段，通过二次定位确定精度尺寸，切割余量后搭载。②分段预修整上船台，即分段上船台前进行修整以适应船台装配的尺寸精度要求，该工艺过程省去了船台阶段费力、烦琐的二次吊装对位工作，提高了船台效率。③“无余量”建造阶段，“无余量”又分为单边余量和四周无余量，前者称为端口补偿，即余量设计在分段的一端；后者则称为分散补偿，即从下料、小组立到分段阶段，各阶段的余量都为本道工序所弥合。在实际工程中，多为端口补偿与分散补偿相结合的形式，具体是哪种补偿形式取决于船厂的精度控制水平。当然，如果能够做到精确的分散补偿，就真正实现了公差造船。

2.5.2 造船补偿量的加放方法

如前所述，船体建造是一个极其复杂的过程，引起船体工件收缩变形的因素繁多，变形复杂，因此补偿量的加放不仅与船型的差异、分段结构的形式、分段划分的方式、分段建造的方法、装焊程序、焊接方法、火工矫正程度，以及船台吊装的程序有关，而且还与船厂的生产条件、管理水平、人员素质等因素有着密切的关系。为此，在进行精度补偿量计算和加放时，一般应遵循以下原则[4-5]。

（1）工件或产品的重复性或相似性。船型相似的产品，如船舶类型、吨位和结构等方面具有相似性，则可参照以往产品的精度补偿方法进行。有些尽管产品不同，但其零件、部件或分段却是典型的，因而也可在零件、部件或分段制造相应的工序中加放有效的补偿量。

（2）稳定的工艺。指船厂建造方法、装焊程序、焊接方法，以及人员、设备等因素稳定不变，并以此作为精度补偿的前提。如果是随意装配、焊接和“人海战术”施工等，则尺寸精度不仅得不到补偿，还会适得其反。

（3）严格的质量控制。船厂有稳定可靠的生产条件，严格的组织体制和高的管理水平，各道工序能切实做到严格地控制，那么就有可能实现全过程的尺寸精度补偿。

（4）确定补偿量时以焊接收缩变形因素为主。在确定补偿量时，应全面考虑各种因素对工件变形的影响。但焊接收缩变形及量值较其他的因素影响大，所以目前从简化问题及满足工程要求的角度出发，考虑因素时主要考虑焊接收缩变形。

1. 补偿量在各工序的分配

在船体建造阶段要实施尺寸精度控制，有必要把船体建造全过程分解成若干个控制阶段，通过对各个阶段的有效控制，达到尺寸精度控制的最终目的。

考虑到二维和三维以及有关形状和位置误差对应的补偿量构成极其复杂，一般仅讨论一维补偿量的构成[4-5]，设系统误差的补偿量为 V，随机误差的补偿量为 U，总补偿可写为

$$\varDelta=\sum_{i=0}^{p}\varDelta_i=\sum_{i=0}^{l}(\sum_{j=0}^{n}U_{ij}+\sum_{k=0}^{m}V_{ik})$$

式中，$\varDelta_i$ 表示以 i 排序的第 i 道工序补偿量，即船台装配、分段、部件和零件补偿量；j、k 表示某一工序内诸因素变形引起的补偿。

一般来说，尺寸精度控制的阶段划分与船体建造的阶段划分相对应，即零件加工和部件制造、分段制造和船台装配，前一个阶段是后一个阶段的控制基础，每一个阶段的有效控制都是为了保证精度控制的实施。

在精度控制阶段划分中，还必须考虑下面的要求：高空作业平地做，船台作业平台做，外场作业内场做。

一般来说，船体建造各个阶段的标准差值与补偿量应一致。假设船体建造完工后的理想精度为 0 值状态，船台装配补偿量为 a，分段制造补偿量为 b，部件制造补偿量为 c，零件加工补偿量为 d，那么某一控制阶段的补偿量应为该阶段的补偿量与其后续阶段的补偿量的代数和。所以，零件加工的补偿量、部件制造的补偿量、分段制造的补偿量、船台装配的补偿量，可以以工件为对象按其所需经过的阶段分别予以考虑，如图 2.55 所示。

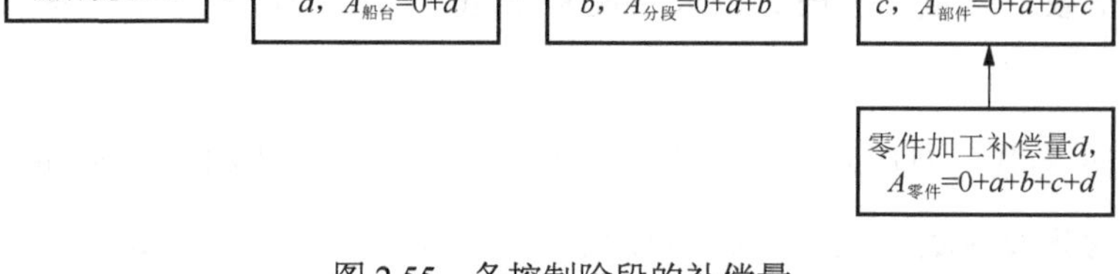

图 2.55　各控制阶段的补偿量

1）零件加工补偿量

零件是船体建造中组成工件最基本的单元，因此在考虑零件加工的补偿量时，应把它作为补偿的起始点。对零件加工的补偿量，除了对形成零件本身阶段的补偿外，还必须包含其后续所有阶段的补偿。计算公式为$A_{零件}=0+a+b+c+d$。

2）部件制造补偿量

同零件加工补偿原理一样，部件制造补偿量，除了对形成部件本身阶段的补偿外，还必须包含其后续所有阶段的补偿。计算公式为$A_{部件}=0+a+b+c$。

与零件加工补偿不同之处在于，部件制造补偿对零件无严格要求。

3）分段制造补偿量

同部件制造补偿原理一样，分段制造补偿除了对分段制造本身阶段的补偿外，还必须包含船台装配阶段的补偿。而它对零件、部件无严格要求。计算公式为$A_{分段}=0+a+b$。

4）船台装配补偿量

因为船台装配是船体建造的最后一道工序，它之后没有后续阶段，所以船台装配的补偿仅需对船台装配全过程中的收缩进行补偿，而它的补偿量加放时机应在分段制造阶段。计算公式为$A_{船台}=0+a$。

因此，船舶制造零部件的尺寸补偿量的计算与分配是最重要的，要将补偿量分配具体到船舶制造过程中的每一个环节。补偿量分配采用的是反推法，具体过程为船坞搭载补偿量，总段、分段装配补偿量，组立制作补偿量，零、部件加工补偿量。

图 2.56 为某厂双层底分段补偿量分配方案的示例，小组立散装件和机械化拼板件装焊为分段内底，然后内底和外底通过拉入法装焊在一起成为一个单独的分段，最后和其他的双层底分段在船坞总组。各个阶段的补偿量和焊接收缩量都清楚地标示出来，以方便精度控制。

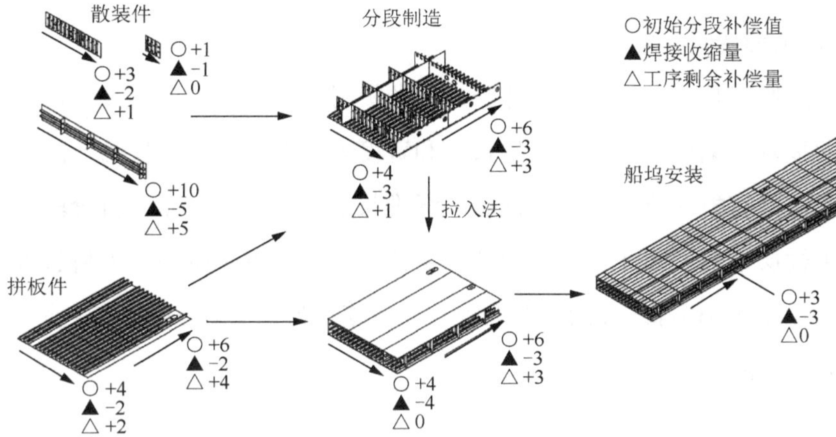

图 2.56 双层底分段补偿量分配方案

精度控制人员通过多年的现场实测数据的积累与统计分析及理论计算，掌握船体建造过程的变形规律，给绝大部分零部件、分段一个可靠的补偿量及船台装配的调整量，开发计算机辅助补偿量确定系统。在补偿量分配的理论模型中，常见的有尺寸链法，包括极值法计算尺寸链和概率法计算尺寸链[6]，刘玉君等[7-8]则阐述了二维尺寸链中运用概率法和极值法计算误差传递及公差分配的过程，胡日强[9]利用人工神经网络的自主学习和自我调节的特点，采用反向传播（back propagation，BP）神经网络对船体零部件变形补偿量进行了预测。对这部分内容感兴趣的读者可以参看相关文献。

2. 负补偿量

船舶制作过程中由于焊接、火工、强制装配等原因会造成构件形变，如果变形补偿量布置在构件制作形变的反方向，除了构件因受热收缩而对长宽方向加放的收缩补偿量外，将其他工艺的变形补偿量称为负补偿量[10]。负补偿量常用于船体零件因装配间隙配合所扣掉的零件尺寸，类似于机械加工行业中机械零件之间的配合公差。

1）冷加工形变负补偿量

冷加工的原理是通过钢纤维的伸长来弯曲板材。例如在用三芯辊弯机加工二维曲率的曲板时，钢板因受力会产生长度和宽度方向的延展。钢板的一面缩短，另一面拉长，只有板材厚度方向中性层的纤维长度不变。在平面下料阶段，将按照曲型后中性层下料，因此会出现图纸中结构相交线位置长度并非下料长度的情况。如船中纵舱壁与横撑连接的压弯面板与肋板连接处长度为6280mm，而实际下料尺寸为6251mm，见图2.57。

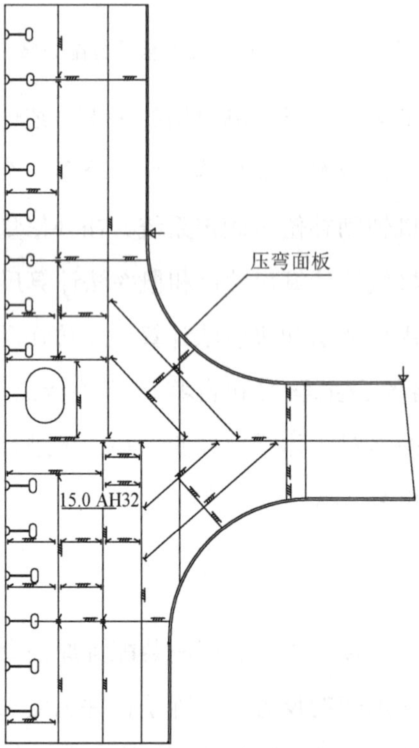

图2.57　船中纵舱壁与横撑连接的压弯面板

2）方便内部结构装配的负补偿量

（1）肋板上穿越孔为拉入型穿越孔，为方便肋板拉入，在穿越孔两侧各增加–2.5mm负补偿，见图2.58。

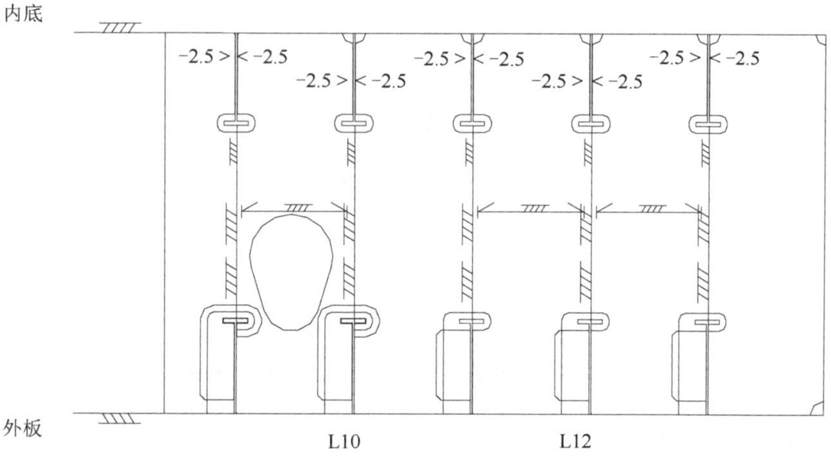

图2.58 肋板拉入时结构的负补偿（单位：mm）

（2）纵骨之间存在横向加强筋且加强筋两端为W节点时，由于装配过程中存在装配误差，需要在加强筋两侧增加至少–1mm的负补偿，见图2.59。

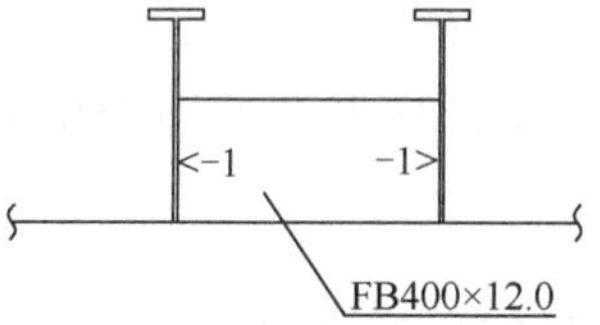

图2.59 W节点的负补偿（单位：mm）

（3）内底纵骨与外底纵骨之间肋板上垂向加强肘板，内壳纵骨与外板纵骨之间肋板上横向加强肘板，为保证装配时肘板趾端完整性，需要在肘板两端增加–2mm负补偿，见图2.60。

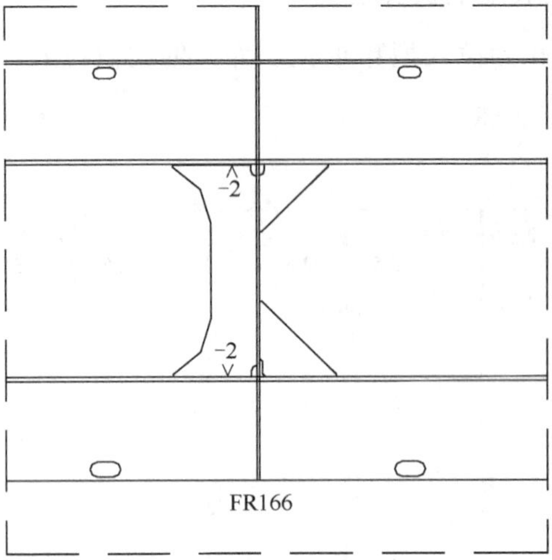

图 2.60　垂向加强肘板的负补偿（单位：mm）

3）CO_2 对接焊缝的负补偿量

当焊缝为 CO_2 焊缝时，焊接时需要留出 5mm 焊接间隙，故板下料时一端要增加−2.5mm 负补偿，否则接板后总体尺寸会长 5mm。如图 2.61 所示，1 号板和 2 号板下料实际尺寸为 11205mm×4695mm。

4）胎架制作反变形

胎架制作时要根据焊接收缩、变形情况适当增加反变形量，反变形量不超过 10mm，见图 2.62。

负补偿量的提出和应用是船舶建造工艺、生产设计技术等不断向前发展的结果。负补偿量的加放能够节省大量的钢材，节约建造成本，提高船舶建造质量。

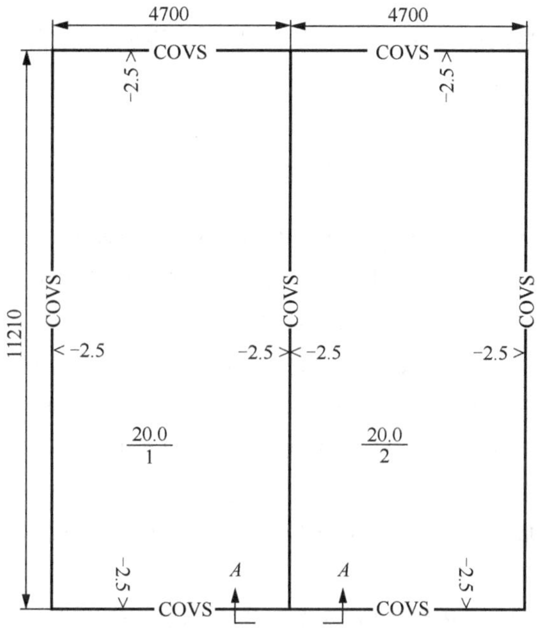

A—A

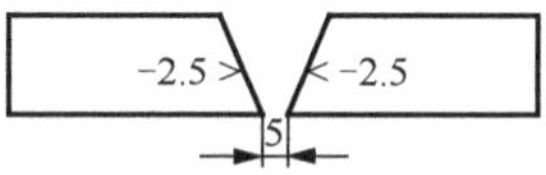

图 2.61　CO_2 对接焊缝的负补偿（单位：mm）

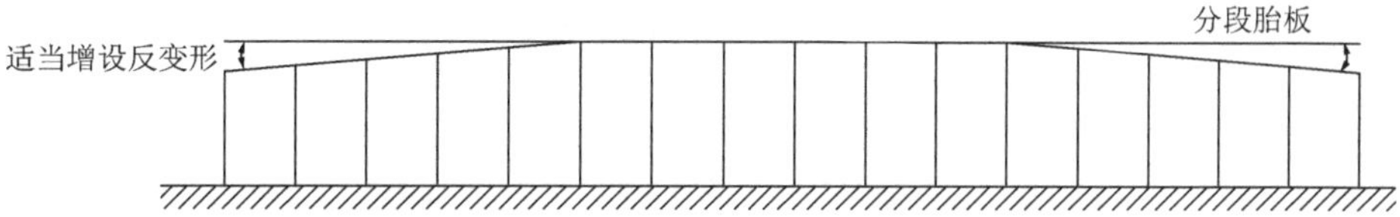

图 2.62　胎架制作反变形

2.6 小　　结

本章首先介绍了精度控制方面的名词术语，然后以船体建造流程为线索，对各阶段的基准网格线造船技术及制造工艺进行了说明，对船体建造精度标准和造船补偿量的加放也做了阐述。

参 考 文 献

[1] Storch R L. Accuracy Control Implementation Manual[R]. Shipyard Production Process Technologies Panel, 2002.

[2] 柴崇. 船舶建造中推进系统设备安装精度控制研究[D]. 大连: 大连理工大学, 2015.

[3] 应长春. 船舶工艺技术[M]. 上海: 上海交通大学出版社, 2013.

[4] 郭荣奎, 蔡三明, 秦耀良. 补偿量加放技术的分析和应用[J]. 江苏船舶, 2007, 24（6）: 1-4.

[5] 唐汉帆. 浅析造船精度补偿的控制方法[J]. 船舶标准化工程师, 2002（4）: 34-38.

[6] 叶家玮. 船体建造测量及数据处理技术[M]. 广州: 华南理工大学出版社, 2001.

[7] 刘玉君，李艳君. 船体建造精度控制中的尺寸链计算方法[J]. 中国造船, 2004, 45（2）: 81-87.

[8] 刘玉君，胡日强，田丰增，等. 船体零部件补偿量的计算方法研究[J]. 哈尔滨工程大学学报，2007，28（7）: 723-726.

[9] 胡日强. 船体建造精度控制关键技术研究[D]. 大连: 大连理工大学, 2007.

[10] 梅志, 范华清. 船舶精度控制中负补偿量的应用[J]. 中国科技论文在线, 2016, 9（8）: 765-769.

3　船舶舾装精度控制技术

船舶舾装作业包括船装、机装、电装以及相关管件、动力与控制装置的组装等。舾装作业面广、工程量大（占船舶建造总工时的 50%～60%），涉及专业多、工种多、技术综合性强、工程周期长等。舾装技术已经由传统舾装技术发展到预舾装技术，以及区域舾装技术。本章主要介绍现代舾装工艺及其精度控制技术。

3.1　船舶舾装技术的发展

船舶预舾装技术开始于 20 世纪 50 年代后期，到 70 年代中期，有些船厂开始把预舾装技术的应用发展到大型区域性舾装单元，这样的舾装单元重量达 700 吨以上，且便于安装和拆修，从而实现了舾装工艺与船体建造的平行作业，工艺水平相当完善[1]。

日本从 20 世纪 60 年代开始采用预舾装工艺，现在预舾装和单元组装技术已成为日本船厂不可缺少的工艺技术，其组装单元的重量一般在 150 吨以下。一个完整总段的重量有时可超过 1000 吨。日本的有明船厂使用单元组装、分段预舾装和总段舾装，可以使船、机、电等舾装作业在地上或厂房内进行的工作量达到总舾装工作量的 80%左右[1]。英国造船厂采用预舾装技术，在船舶下水前完成量可达 70%以上。目前，日本、韩国的预舾装率已经达到 95%左右。

从 20 世纪 70 年代开始，我国一些主要船厂先后对预舾装和单元组装工艺进行了尝试。80 年代，我国开展的预舾装是船体主体分段的预舾装和机舱的单元组装。分段预舾装主要有管子、电缆托架、电器底板、机电设备底座等的组装。80 年代后期，为了建造出口船，各大船厂纷纷派员出国考察、培训并与国外进行合作、联合设计，还引进了造船生产设计、成组技术、预舾装、单元组装等先进的区域舾装技术，然后消化吸收和推广应用，从而使我国的船舶舾装建造工艺迅速发展。单元组装主要是用在机舱等机电设备比较集中的区域。为了促进预舾装和单元组装工艺的应用和发展，提高预舾装率，船厂调整了生产体制，建立了舾装的集配中心。图 3.1 是舾装单元模块。

图 3.1　舾装单元模块

现在，国内大型船厂已经基本实现区域舾装，仅某些小厂还无法实现预制预装。2016 年，国内某船厂的分、总段预舾装率达到 86%以上。从工时量来计算，船体与舾装的工时比为 2∶1，在价值上船体与舾装的比例为 1∶2。

在精度控制方面，舾装的精度控制是一项系统性的工作，从管子单件的制作到单元组管线的定位安装均需要极为详尽的精度控制标准。目前我国在借鉴外国先进精度控制技术的基础上，也制定了自己造船舾装精度控制的相关规范，使之趋向于形成一套完整的精度控制体制。可以说，整个舾装精度控制的重点和难点在于舾装件的安装。

3.2 预舾装、区域舾装

传统的舾装工艺是在船体完工后才开始，舾装的绝大部分工作是在船体下水到交船的过程中在船上进行的。其弊端包括以下方面。

（1）只重视各个设备的性能，不重视系统间设备的协调和作业的合理性，因而工作效率低，装配精度差。

（2）各专业都是按各自的系统单独设计，进行有限的协调，因此施工过程中出现大量各工种立体交叉、混合施工、相互影响、相互制约、争抢空间、你装我拆、拆了再装等现象。上述现象造成了施工环境混乱、返工浪费严重、安全没有保障、舾装作业的质量和周期得不到保证的后果。

预舾装是指将传统的船内舾装、码头舾装作业提前到船台总装前的分段、总段上进行[2-3]，分为单元组装、分段预装和总段预装三项（级）基本作业形式。其工程状态是：在地面上进行平行的分散作业，从而使高空作业平地做、封闭作业敞开做、总组作业分段做、仰装作业俯位做，减少了码头、船内多工种的混合作业。预舾装改善了作业条件和安全性，减轻了劳动强度，提高了工作效率和建造质量，使造船总周期缩短。

分段预装大致包括双层底分段预装、机舱平台甲板和上甲板分段预装。双层底分段预装，主要是针对货舱区域的压载管系进行预装，同时，还能为涂装工作创造条件。机舱平台甲板和上甲板分段预装主要针对甲板背面的管子、分管等进行控制，能够提高电缆的安装质量，并且还能保证良好的施工效率。

区域舾装就是按区域进行预舾装的舾装方法[4]，它突破了传统的按照船舶功能、系统进行舾装设计和作业的方法。按区域进行舾装设计，用综合布置图的形式表示该区域内所有的系统和设备，并需要绘制区域舾装的安装图、零件图、区域托盘的清册和图表等。按区域制造舾装件，并由一个综合施工组织完成该区域的所有舾装作业。在现代化的船舶舾装工艺中，借助托盘进行管理监督是一种常用手段，而这一手段需要依靠舾装件的区域组织生产技术，其有别于传统的整体舾装作业工艺，其工程状态是舾装与船体实行平行作业，船体与舾装分道建造，再有序组合。

3.3 舾装精度控制中的一些关键技术

舾装的精度控制是船舶制造中精度控制的重要部分，在现代造船模式下各船厂积极推行“壳舾涂”一体化的造船技术，也即分段成品化。在进行分段组装的过程中，对该分段上符合条件的所有舾装件进行装配，然后把各个分段作为成品组装起来，完成船舶的组装。这对成品化后的分段制造精度提出了较高的要求，即船体分段的制造精度要满足技术要求，否则会影响舾装件的制作精度。这样，造船精度控制就不应该仅仅局限在船体建造领域，而应该考虑整个分段产品制造过程。

在实际的船舶建造过程中，常常会出现船体建造和舾装件施工之间的矛盾，就是没有很好地把船体制造和舾装制作精度统一协调的结果。因此，除了要实现舾装件的无余量下料与安装，还需要把舾装精度控制的理念贯穿于船舶建造的整体，在考虑船体精度的同时也要兼顾舾装精度的匹配，不能顾此失彼。

对于舾装，精度控制较为困难的是管舾，管舾涉及下料、弯曲、装配、焊接、水压试验、表面处理、分拣集配等管子加工生产流程。管子制作好以后要进行单元组装以及安装，在分段制造结束后进行管舾件的安装，此时要控制安装精度，要协调考虑分段制作以及搭载精度，才能保证舾装精度。

3.3.1 管件族制造法

目前，管子的生产方法主要有单件生产和成组流水线生产两种方式。一些设备条件好的工厂，实行管子的现代生产组织方法——管件族制造法。

1. 管件族制造的原理

应用成组技术原理将管子按设计和制造过程的共同特征系统地分成族或组，按族组织生产，以形成足够的制造批量。这一方法称为管件族制造[1]。

（1）管件制造是为舾装提供零件的加工过程，加工时并不依附于船体区域，而船体分段建造法、区域舾装法和区域涂装法则是一种装配过程。

（2）由于船上管件种类繁多，将管件从各个区域中“分离”出来（即不是区域导向），属于问题类型（如材质、口径、形状、长度、是否有附件、是否有支管、加工设备、加工方法等）导向，有别于船体分段建造法、区域舾装法和区域涂装法中的区域导向。正因为如此，管件族制造独立地发展。

管件族制造的优越性：

（1）把貌似不同的管子零件组成族，避免了单件生产方式在工艺设计、计划安排和制造过程中的繁复工作。

（2）在制造族内，各种管子被合理地安排在分道作业线中的同一机器和工夹具上进行加工，其好处是可大幅度提高设备利用率，简化分道作业线中各工序间的材料搬运。

（3）管子在分道作业线中按工序有节奏地移动，生产管理便于改善。

（4）按工序进行分类可使作业流程从一条分道作业线转换到另一条时仍然得到良好的控制。

2. 管件族的划分及管件的制作

根据成组技术的相似性原理，作者在多年生产实践的基础上，通过分析、观察、处理，找到管子相似特征。

根据管子的属性及管子零件的结构形式，首先将管子按属性划分为Ⅰ、Ⅱ、Ⅲ级钢管（管系的分级参见中国船级社《钢质海船入级规范2018》第3篇第2章的规定），以及不锈钢管、铜管、铜镍管等；然后按管子的结构形式划分为直管、弯管、直管+直支管（弯支管）、弯管+直支管（弯支管）、弯头管等；再按管子的大、中、小口径将上述划分再细分几个管件族。如图3.2所示，按连接附件或连接方式的不同再细分。按照上述管子零件族的划分原则，将管子制作划分为“A”“B”“AA”“AB”等二十多个工位，确定其管件族编码，编制“管子制作流程卡”，按“工位”

A类

AA类

B类

B（1）类

AB类

图3.2　管件族划分示例

拆分图册，将相同类型的“直管”“弯管”“直管+支管”“弯头对接管”等管件归类分组编卡，集合二十几个工位组织流水作业生产。

在加工时，根据管件族划分，例如直管 A（1）类，在直管焊接线区域进行生产。由切割设备将管材切割成一定长度直管，由法兰直管焊接线给直管两端套上法兰，然后进行法兰自动焊接；之后进行磅压测试；最后根据各管系的不同要求，对管子进行清洗、镀锌、涂色等。图 3.3 是直管的制作流程。

（a）切割　　（b）装配　　（c）焊接

图 3.3　法兰直管焊接线进行 A 类管的加工

按照管件族的划分，管子零件的制造都是通过特定的加工区域来完成的，为了满足一组工艺相似的管件加工需要，针对各族管子零件的材质和管径大小不同，需加工的设备功能也有差异的情况，需要按管径和材质来分别组建加工区域。目前，某管加工厂按车间的跨度和管子的尺寸划分管加工区域，如小型加工区域、中型加工区域、大型加工区域、有色金属加工区域（如铜镍合金管、双向不锈钢管、超级双向不锈钢管等）。常用的管系加工设备如下。

圆锯：是小型法兰直管线的主要切割设备，如图 3.4 所示。加工范围：ϕ60mm 以下碳钢管。

等离子切割机：是中型以上碳钢、有色金属及结构管等管材的主要切割设备，如图 3.5 所示。加工范围：ϕ48mm 以上。

图 3.4　圆锯

图 3.5　等离子切割机

卧式带锯：是中型以下碳钢、有色金属管材的主要切割设备，如图 3.6 所示。加工范围：ϕ219mm 以下。

大型卧式带锯：一般布置在有色金属车间的下料区域，是中型以上有色金属管材（海工厚壁管材）的主要切割设备，如图 3.7 所示。加工范围：ϕ168mm 以上。

图 3.6　卧式带锯

图 3.7　大型卧式带锯

相贯线切割机：布置在中、大型工段一次平台区域，用于中型以上相贯线支管“马耳”切割和主管开孔的主要设备，如图 3.8 所示。加工范围：ϕ60mm 以上。

数控弯管机：布置在小、中型工段弯管加工区域，用于管子冷弯加工，弯曲半径 R=3D（D 为管子的直径），如图 3.9 所示。加工范围：ϕ168mm 及以下。

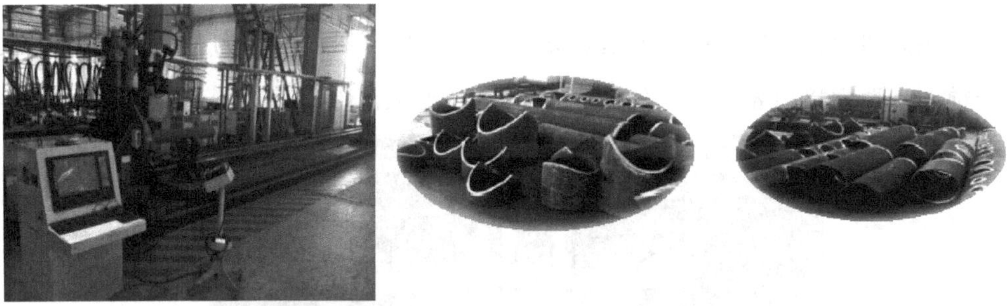

图 3.8 相贯线切割机

图 3.9 数控弯管机

法兰直管焊接线：布置在各工段 A 类管施工区域，是对于 A 类管集切割、装配、焊接于一体的流水线，如图 3.10 所示。

图 3.10 法兰直管焊接线

弯头焊接机：布置在中、大型段B（1）类管施工区域，作为B（1）类管二次平台前的主要焊接设备使用，如图3.11所示。加工范围：ϕ60mm以上。

图3.11 弯头焊接机

一般管舾装件的制造不考虑分段本身的建造偏差以及人工安装的偏差，管舾装件本身的设计制造精度在很大程度上决定了后续的装接工作能否顺利进行。如果设计制造合理，那么管线就会完美拼接，中间不再需要修正，省去了大量的工作。

3.3.2 分段组立阶段管舾件安装精度控制

为提高分段的成品化制作水平，提高管子的安装精度，船舶建造阶段管舾装安装定位基准仍然选取网格线，以提高管舾装精度控制技术水平[5-6]。

1. 分段预舾装阶段

在2.3节中已经提到船舶建造时的基准网格线造船法，小组立阶段进行管舾件安装定位时应以优化后的网格线为基准，如该小组立结构上没有布置网格线，则以该小组立结构上唯一选定的强结构为基准进行安装定位，见图3.12。

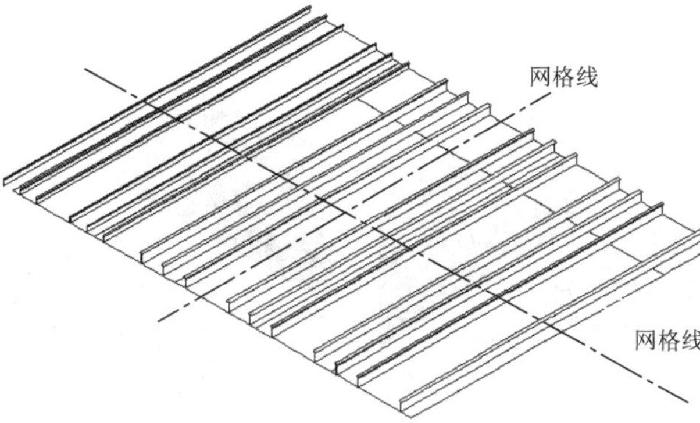

图 3.12　舾装件安装的网格线

2. 分段中组立到大组立完工前

1）高度方向

以分段胎架面为管舾件定位基准（有特殊精度控制要求的船舶除外），如现场测量困难，也可将胎架基准平面上/下移至适当位置，方便现场测量安装，见图 3.13。

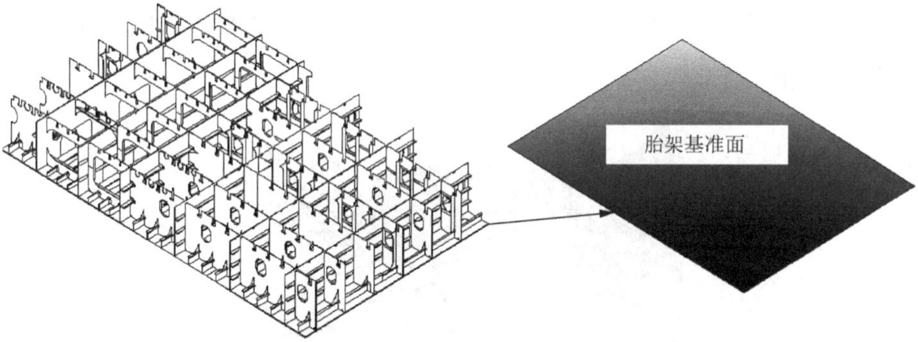

图 3.13　管舾件安装时高度方向的定位基准面示意图

2）宽度及长度方向

（1）正切、单斜切胎架分段以平行或垂直于船体中心线的分段胎架中线面为管舾件安装定位基准，如现场测量困难，将分段胎架中线面左右、前后平移至适当位置，见图 3.14。

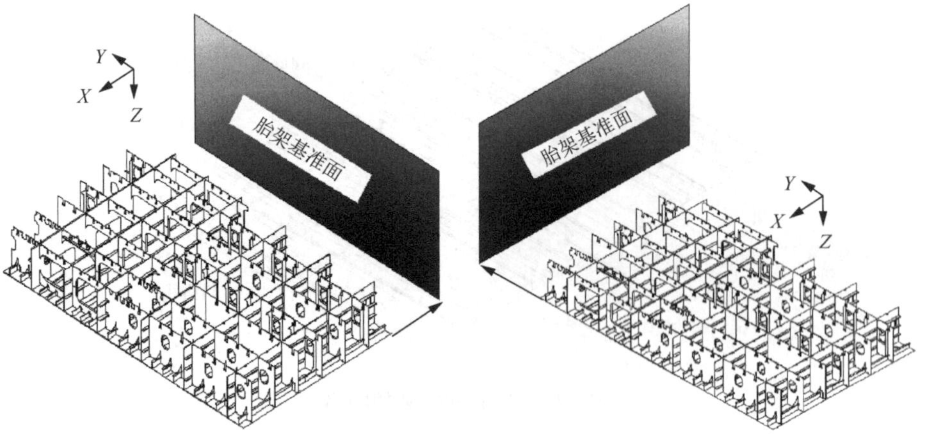

（a）正切胎架　　（b）单斜切胎架

图 3.14　宽度及长度方向的定位基准面示意图（正切、单斜切胎架）

（2）双斜切胎架因定位较为复杂，为保证管舾件定位基准与船体定位基准一致，应选择胎架各基准面作为管舾件定位基准，现场定位时可选定唯一分段重要强结构作为定位基准，并由精度控制人员提前确认该区域船体结构精度是否符合精度要求，见图 3.15。

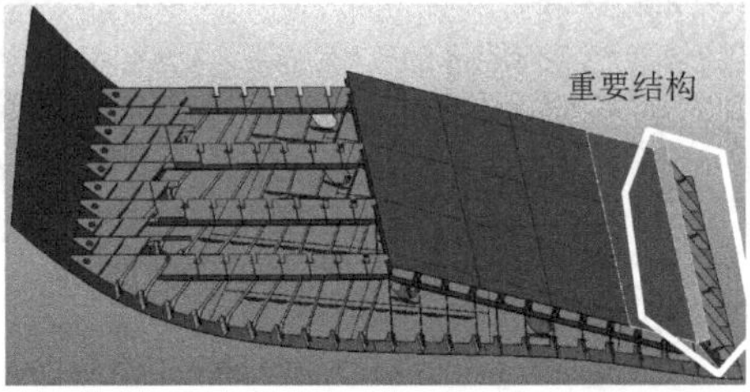

图 3.15　宽度及长度方向的定位基准面示意图（双斜切胎架）

3. 分段大组立完工阶段

分段大组立完工后需重点控制分段总组/合拢缝端口处管舾件定位精度，保证分段总组/搭载后管舾件管口对位，减少管舾件总组/搭载阶段修整工作量。

因分段大组立完工后应对分段网格线进行优化，并以优化后的网格线作为分段总组/搭载定位基准，所以搭载缝端口处管舾件应以优化后的网格线为安装定位基准。

1）高度方向

（1）有水平网格线（水线）分布的分段应以网格线为基准，定位合拢缝处管舾件，见图 3.16。

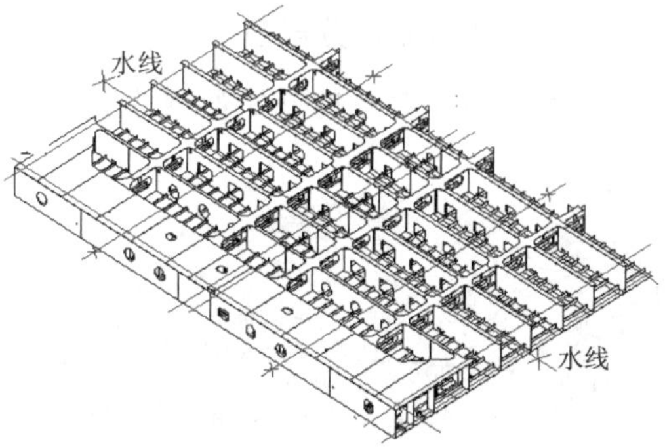

图 3.16　水平网格线定位基准图

（2）对没有水平网格线（水线）分布的分段，如双层底分段、甲板分段等，应以优化后的分段水平基准面为基准，定位合拢缝处管舾件，见图 3.17。

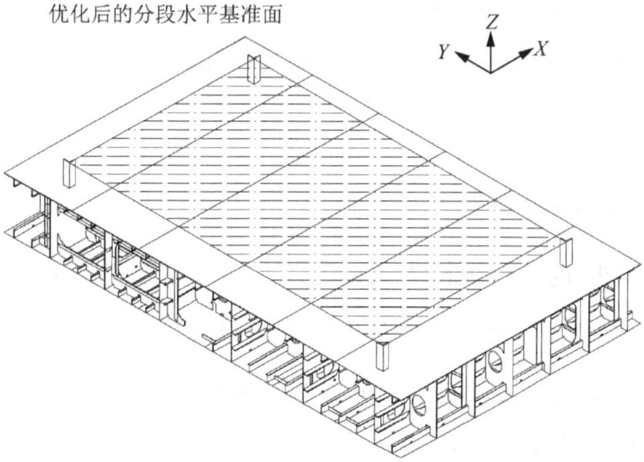

图 3.17　分段水平基准面定位基准

由于集装箱船、液化天然气（liquefied natural gas，LNG）船等对货舱内壳板水平精度要求较高，故此类船舶常以优化后的内壳板水平基准面安装定位舾装件。

2）宽度及长度方向

每个分段都有横向、纵向网格线分布，船体分段完工后，总组搭载时应严格按照网格线进行定位。

为保证分段合拢缝处管舾件与船体分段总组搭载定位基准一致，分段大组完工后应以横向、纵向网格线为基准，对合拢缝处管舾件进行安装并检测，见图 3.18。

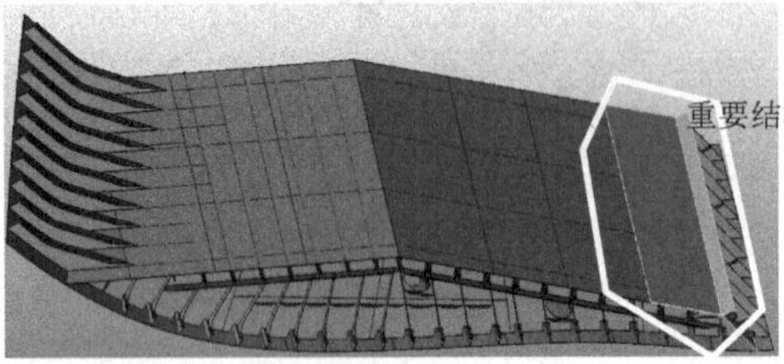

图 3.18　宽度及长度方向的定位基准

3.3.3　分段组立阶段管舾件安装精度检测

管舾装件的安装是整个管舾精度控制的最关键阶段[5]，与船体定位坐标相似，设定管子安装三维定位坐标，作为后期数据分析依据。图 3.19 所示为管子安装三维定位坐标系。

1. 法兰中心直线度精度控制

管线之间的对接也是一项极为关键的工作，对接法兰很难在同一个直线上。进行管子法兰对接前应有效控制法兰尺寸、平整度，在一定的尺寸偏差范围内施工人员可以采取特定的措施修正法兰直线度。如图 3.20 所示，两个法兰的间隙和错位距离的精度控制标准如下：

$$a \leqslant 1.5\text{mm}，c-b \leqslant 1.5\text{mm}$$

即在法兰间距较小一端的错位控制在 2mm 之内，法兰自身的平面度也要控制在 2mm 之内，这样两个法兰才能够顺利对接。

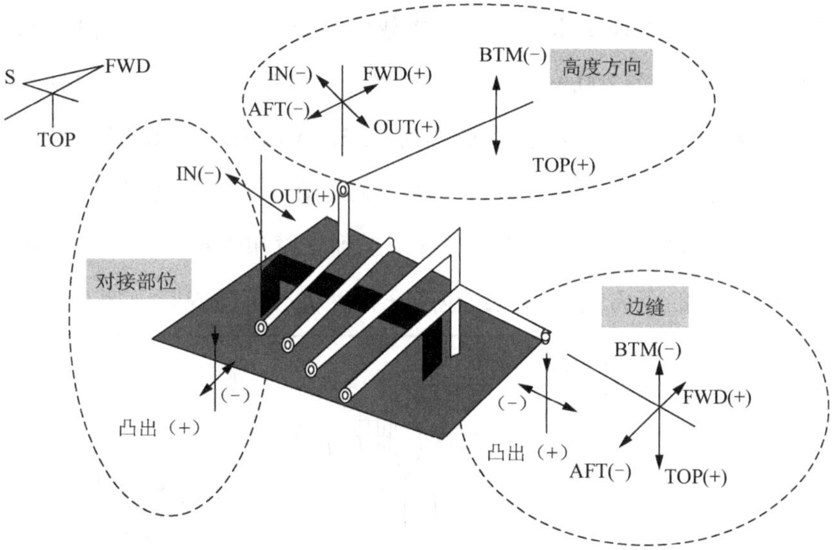

图 3.19 管舾件、铁舾件安装定位基准原则[5]

对接部位：凸出为“+”，反之为“−”；偏左舷为“+”，偏右舷为“−”。
边缝：凸出为“+”，反之为“−”；偏顶为“+”，偏底为“−”；偏艏为“+”，偏艉为“−”。
高度方向：偏艏为“+”，偏艉为“−”；偏左舷为“+”，偏右舷为“−”；偏顶为“+”，偏底为“−”
IN 表示里；OUT 表示外；FWD 表示前；AFT 表示后；BTM 表示底；TOP 表示顶

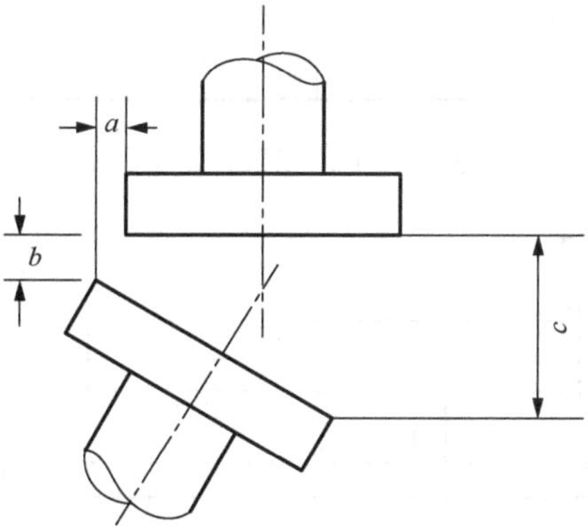

图 3.20 法兰中心线直线度简图

2. 端面精度控制

双层底货舱区各分段管子安装大都是沿船长或船宽方向水平连接，管子连接处的端面需要做好精度控制来保证分段搭载后管子顺利对接，对合拢缝处的法兰或管子（管子通径 DN≥200mm）圆心坐标进行三维精度控制，使其与船体分段定位基准一致，*X*、*Y*、*Z* 三个坐标值均控制在±5mm 以内，见图 3.21。管子法兰和分段间的端面重合度标准为±2mm，见图 3.22。在无合拢管连接的情况下，先进行管子合拢，然后对法兰进行连接。对管子起到支撑和固定作用的支架和“U”形管夹与分段强构件的距离或结构间距也应在精度标准范围内。

舾装精度定位标准	管子圆心坐标	X	±5mm
舾装精度定位标准	管子圆心坐标	Y	±5mm
舾装精度定位标准	管子圆心坐标	Z	±5mm
舾装精度定位标准	支架定位	a	±5mm
舾装精度定位标准	支架定位	b	±5mm
舾装精度定位标准	支架定位	c	±5mm
舾装精度定位标准	U字码安装	δ_1	≤3mm
舾装精度定位标准	U字码安装	δ_2	≤3mm

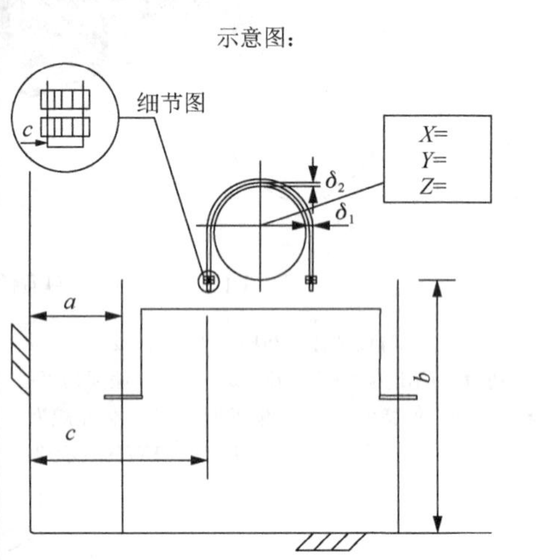

图 3.21　法兰管子、支架、U 字码定位标准

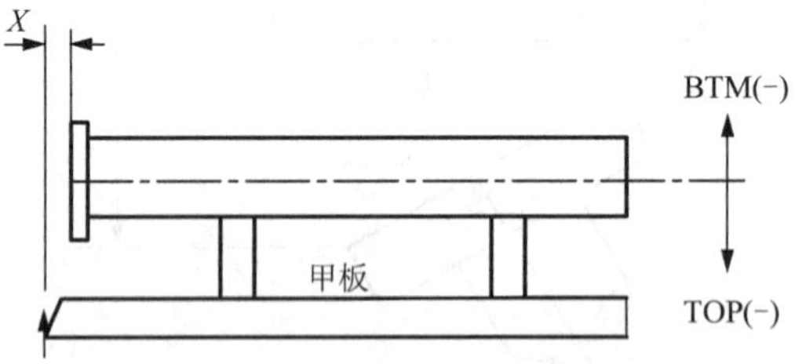

图 3.22　管子法兰与分段间端面重合度基准

在机舱或甲板区管子垂直分布连接较多，垂直分布将导致法兰或管子端面三维坐标测量难度较大，*X*/*Y* 轴以船体的选取基准面进行二维测量，*Z* 轴则以管线中心垂线与甲板或者其他构件之间的伸出或者缩进距离作为测量手段，如图 3.23。测量数据控制在±5mm 之内，支架和管夹的定位控制与管舾装水平端面连接的精度标准一致。管子安装后要进行测量，统计安装偏差情况，如表 3.1 所示。

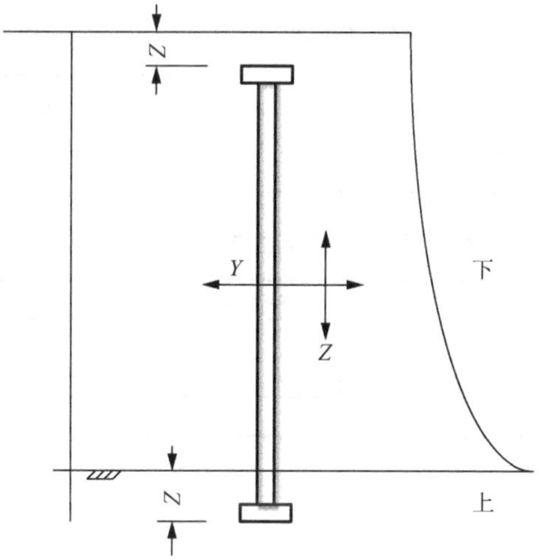

图 3.23　管子垂直端面

表 3.1　分段管子安装精度检查表

船号	分段号	管件号	口径	理论安装坐标			实际测量值			偏差情况	现场照片
				X	*Y*	*Z*	*X′*	*Y′*	*Z′*		
P-1	2345	B01-1	DN350	X58+2055	−4809.5	BOT-962	X58+2061	−4809.5	BOT-970	向艏部偏6、向下偏 8	

3.3.4 管舾预舾装精度检测数据统计与分析

分段建造过程中对管子预舾装阶段尺寸、端差、切修率、管子法兰端面重合度进行数据统计与分析[7]，此数据作为总组/搭载阶段的参考依据，也是为提高后续船管舾装精度控制管理技术做准备，如表 3.2 和表 3.3 所示。

表 3.2　管子预舾装阶段管子切修统计表

船号	分段号	管子数量	切修数	切修率	原因分析	阶段	备注
P-2	1234	100			设计	大组	

表 3.3　管子法兰端面重合度误差统计表

船号	分段号	部件号	理论值	测量值	误差值	备注
P-2	1234	A				
P-2	1234	B				

3.3.5 管子安装公差标准

管子安装精度管理项目及公差标准见表 3.4。

表 3.4　管子安装精度管理项目及公差标准

项目			标准范围/mm	允许范围/mm
管路通舱间隙	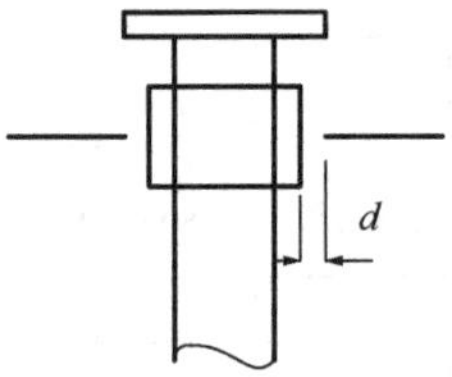	d	≤2	≤3

续表

项目			标准范围/mm	允许范围/mm
管路安装偏差	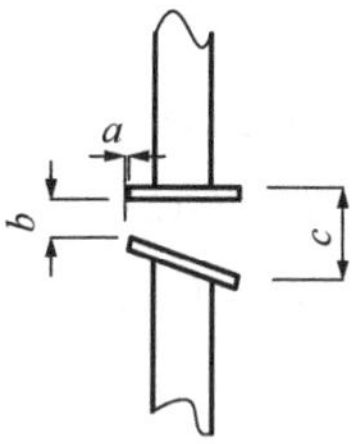	a	≤1.5	
		DN≤100	$c-b$≤1.5	
		100<DN≤200	$c-b$≤2	
		200<DN≤400	$c-b$≤3	
		400<DN	$c-b$≤4	
分段预装管路偏差	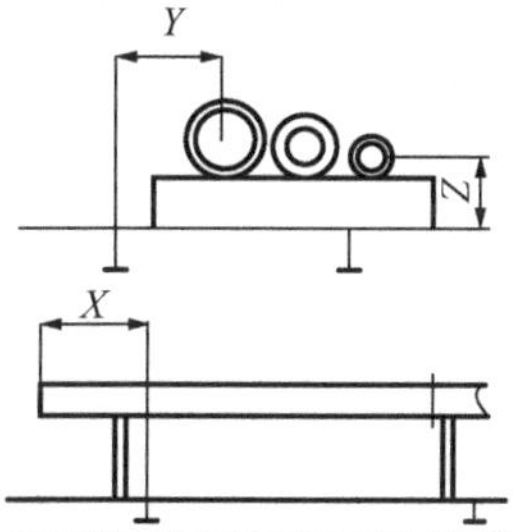	x y z	±5	
管支架安装偏差	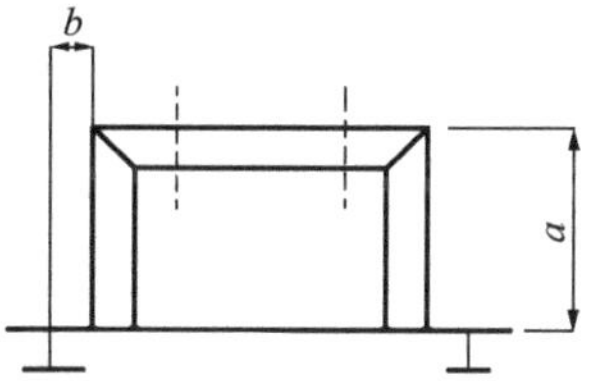	Δa Δb	±5	

3.4 小　　结

在现代造船模式下，壳舾涂一体化作业贯彻了以船体为主线、舾装为重点、涂装是关键的建造思想。船体分段舾装件的制造和安装精度控制技术是重点。为此，本章主要介绍了船舶舾装技术的发展及其制造工艺，然后重点阐述了船舶管舾件制造工艺和精度控制技术。在进行精度控制时，统筹协调造船中船体与舾装两大主体工程，使之有利于舾装工程的完成，进而实现高质量、快捷、安全地造船。

参 考 文 献

[1] 叶家玮. 现代造船技术概论[M]. 广州: 华南理工大学出版社, 2001.

[2] 程古林, 李天生. 船舶舾装工作前移的探讨[J]. 造船技术, 2005（4）: 25-26,47.

[3] 朱彬, 翁国忠. 提高预舾装率的工艺方法研究和应用[J]. 江苏船舶, 2013, 30（2）：39-41.

[4] 陈鹤, 石勇. 船舶区域化建造技术关键问题分析[J]. 造船技术, 2017（2）: 10-11, 22.

[5] 张星. 船舶管舾装精度控制方法研究[D]. 镇江: 江苏科技大学, 2013.

[6] 管舾件、铁舾件安装定位基准原则[Z]. 大连船舶重工集团设计研究所有限公司, 2015.

[7] 万毅. 船舶管舾装精度管理研究[D]. 大连：大连理工大学, 2015.

4　船舶焊接技术与造船精度控制

焊接是一门材料连接技术，通过加热或加压，或两者并用，并且视情况采用填充材料，使焊件达到原子间结合的一种方法。焊接在造船中的应用，引起了造船工业的革命，不仅出现了全焊接船，并使船体建造从散装建造方式发展到分段建造方式，大大缩短了造船周期。

焊接是一项很关键的工艺，它不仅对船体的建造质量有很大的影响，而且对提高生产效率、缩短造船周期起着很大的作用。海洋平台、导管架等都是海上钢质结构物，这些海洋结构物从设计原理、建造工艺、技术特点、材料选用以及对制造厂生产设备、地理位置条件、生产场地诸方面要求而言，都和船舶建造有很多相似之处。因此，海洋结构物的建造也和船舶建造一样一般都是在造船厂内进行。

在船体建造中，焊接工时占船体建造总工时的 30%～40%，焊接成本占船体建造总成本的 30%～50%。船舶焊接质量是评价造船质量的重要指标，焊接生产效率是影响造船产量与生产成本的主要因素之一。因此，船舶焊接技术的进步对推动造船生产的发展具有十分重要的意义。

4.1　船舶焊接工艺的现状

先进的船舶高效焊接技术涉及船舶制造中的工艺设计、小组立、中组立、大合拢、平面分段、曲面分段、平直立体分段、管线法兰焊接、型材部件装焊等工序和工位的焊接工程。我国的船舶建造焊接技术基本满足船厂生产的需要，高效焊接在船舶建造中发挥着极其重要的作用。

4.1.1 常见的焊接方法

我国造船工业中常见的焊接方法主要有以下几类[1]。

1. 焊条电弧焊

（1）向下立焊焊条：与向上立焊相比，效率提高 1～2 倍。

（2）铁粉焊条焊接工艺：工艺简单实用，通过提高熔敷效率达到高的生产效率，一般提高 50%以上。

（3）重力焊条：采用高效铁粉焊条（一般直径为 5～8mm，长度为 550mm、700mm、900mm），熔敷效率在 130%～180%，常见的焊条牌号有 CJ501FeZ 等。

2. CO_2 气体保护焊

1）实芯焊丝

根据 CO_2 焊的冶金特点，进行低碳钢、低合金钢和船用高强钢焊接时，为保证具有较高的力学性能和防止气孔产生、减少飞溅，必须采用含锰、硅等脱氧元素的合金钢焊丝，同时，还应限制焊丝中的含碳量在 0.10%以下。

H08Mn2SiA 焊丝是目前 CO_2 焊中应用最为广泛的一种焊丝。它有较好的工艺性能，较高的力学性能以及抗裂缝能力，适宜于焊接低碳钢和 $\delta_s \leqslant 50\times9.8$MPa 的低合金钢，船用强度钢和船用高强度钢亦用该种实芯焊丝。H08Mn2SiTiA 焊丝含碳量很低，且含有 0.2%～0.4%的钛元素，所以抗气孔能力强，用于致密性要求高的焊缝（不允许微气孔存在的焊缝）。

CO_2 焊所用的焊丝直径在 0.5～5mm 范围内，一般为 0.5mm、0.6mm、0.8mm、

1.0mm、1.2mm、1.6mm、2.0mm、2.5mm、3.0mm、4.0mm、5.0mm 等几种规格，自动和半自动焊均可使用。CO_2 焊丝通常以盘状供应，焊丝表面最好镀铜，这不仅可以防止焊丝生锈，有利于焊丝的保管，同时还可以改善导电性能以及减少送丝阻力。

2）药芯焊丝

我国药芯焊丝的普及是从造船工业开始逐步扩大到各行各业中的，目前 70% 以上药芯焊丝都用于造船工业，CO_2 气体保护药芯焊丝的焊接是造船厂的主要焊接工艺与焊接材料。

药芯焊丝是将薄钢带卷成圆形钢管或异形钢管的同时，在其中填满一定成分的药粉，经拉制而成的一种焊丝，又称为粉芯焊丝或管状焊丝。药粉的作用与焊条药皮的作用相似，区别在于焊条的药皮是涂敷在焊芯的外层，而药芯焊丝的粉末被薄钢包裹在芯里。药芯焊丝绕制成盘状供应，易于实现机械化自动化焊接。

药芯焊丝是 CO_2 气体保护焊的主要焊材，配合各种类型的衬垫可以实现单面焊一次成形。特点是焊道成形美观、电弧稳定、飞溅小、全位置焊接、工艺性能良好、焊接熔敷速度快、生产效率高等。目前，在常用船用结构钢方面，药芯焊丝已经可以完全国产化。但是对于技术含量高的高端焊材，船厂仍需进口来满足生产的需要。

在船厂使用药芯焊丝的高效焊接工艺有以下几种。

（1）气电垂直自动焊。日本神户制钢所开发了气电垂直自动焊，主要用于船舶建造分段搭载时的立向上对接焊，使大接缝焊接实现了机械化。

该工艺使用的焊接材料为ϕ1.6mm 的药芯焊丝，典型牌号为 DWS-43G，配 KL 型和 JN 型陶质衬垫。由于日本神户制钢的专利技术和良好的产品质量，该工艺在中国国内船厂应用普遍。焊接过程中，用 CO_2 气体作保护，并对焊接熔池采用强制一次成形的方法来完成，焊缝的前后面分别采用水冷铜滑块和带有梯形凹槽的衬垫，以保持熔池稳定和成形良好。气电垂直自动焊的保护焊原理是渣-气联合保护方式，随着药芯焊丝的不断填充而保持熔池稳定上升形成焊缝。气电垂直自动焊示意图见图 4.1。

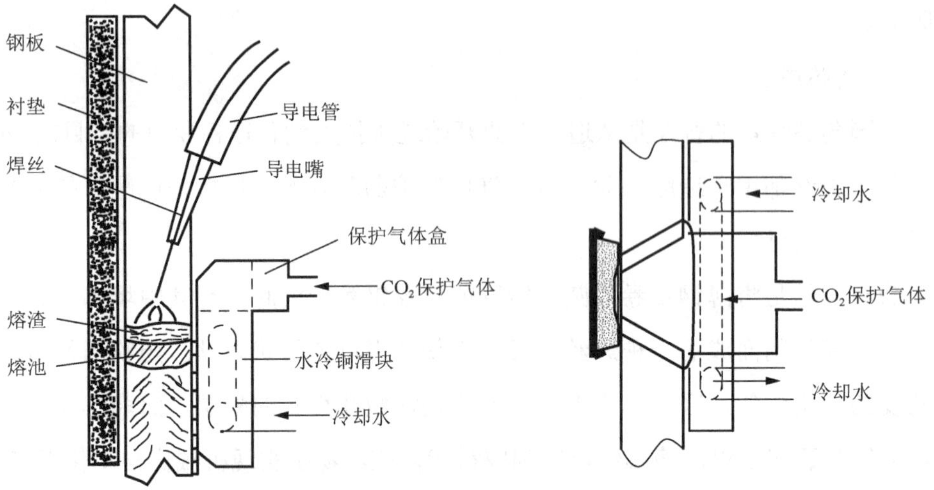

图 4.1　气电垂直自动焊示意图

气电垂直自动焊设备主要由焊接小车、精密磁性导轨、电气控制箱、焊枪、水冷铜滑块以及导丝电缆等组成，配以 CO_2 焊接电源、送丝机构、冷却水循环装置以及气体供气设施等。气电垂直自动焊的焊接材料包括药芯焊丝、衬垫以及 CO_2 保护气体等。

在焊接时，电弧在保护气体（纯度 99.8%以上的 CO_2 气体）下燃烧，熔化金属被局限在两焊件与水冷铜滑块组成的空腔内，焊丝不断送进并熔化，铜滑块不断上移，熔池液体金属在受到水冷铜滑块的急冷下强制凝固形成焊缝。焊机的焊丝给送和机器的升降都由电动机通过减速齿轮机构来完成。本工艺所用的衬垫材料为单面焊专用陶瓷衬垫，常见的衬垫形状及组成见图 4.2 所示。

（a）带玻璃纤维织带的衬垫　　（b）无玻璃纤维织带的衬垫

图 4.2　衬垫结构示意图

气电垂直自动焊工艺均采用单面 V 形坡口形式，其坡口角度和装配间隙由板厚决定，具体对应值见表 4.1。

表 4.1　坡口形式及参数

板厚 t/mm	坡口角度α/（°）	装配间隙 c/mm	坡口形式
10≤t≤11	55～60	5～9	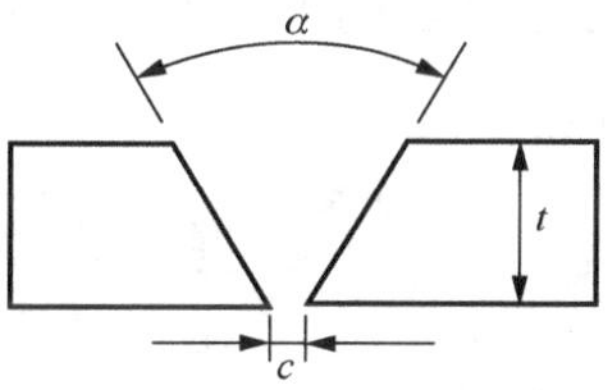
12≤t≤14	50～55	5～9	
15≤t≤17	45～50	4～8	
18≤t≤22	40～45	4～8	
23≤t≤25	35～40	4～8	

焊接电流、焊接电压、焊接速度的变化对气电垂直自动焊的焊缝成形影响很大，有关焊接规范参数见表 4.2。

表 4.2　焊接规范参数

钢板厚度/mm	焊接电流/A	焊接电压/V	焊接速度/（cm/min）
10～14	330～370	33～37	13～10
16～20	360～380	36～38	9～8
22～26	360～380	36～39	7～6

这种焊接方法的优点是生产效率高，焊接变形小，变形规律易于掌握，一般不发生角变形。由于采用自动控制，简化了操作，大大减轻了工人的劳动强度。

这种焊接方法的缺点是对焊接工艺参数的变化很敏感，如板边加工、间隙、焊接电流、电弧电压、焊丝中心位等的变化会显著影响焊接质量，而风的影响更大，在有风的情况下，如果防护不好，保护气体被风吹散，容易产生气孔。

（2）高速纵骨焊。平面流水线的平板 FCB 法对接焊之后进行纵骨的双面 CO_2 自动角焊，由流水线上的自动取放门架将纵骨移送到焊接部位（图 4.3），然后采用双面双丝 CO_2 高速焊工艺，每个纵骨的两侧各有两把焊枪，4 把焊枪同时焊接，如图 4.4 所示。焊接速度最高为 1000mm/min，焊丝为 MX-200 和 SQJ50MX，适用于 A、B、D、AH32、AH36、DH32、DH36 钢的焊接。目前这些焊材仍然依靠进口。开发该焊丝的难点主要是在高速焊接时如何能获得良好的焊缝成形和耐钢板底漆的性能。

图 4.3　平面分段流水线型材自动取放设备

图 4.4　平面分段流水线纵向桁材自动角焊设备

3. 埋弧焊工艺

埋弧焊工艺主要应用于平板平直焊缝，主要有单丝、多丝埋弧焊和窄间隙埋弧焊。埋弧焊机分为自动焊机和半自动焊机两大类。普通的半自动埋弧焊设备如图 4.5 所示，由焊接小车、埋弧焊机组成，焊接小车可以沿轨道前后行走，速度可调。半自动埋弧焊机主要由送丝机构、控制箱、焊剂漏斗、带软管的焊接手把及焊接电源组成。

图 4.5 普通的埋弧焊设备

图 4.6 的设备是应用于平面分段流水线的 FCB 法三丝埋弧焊设备。FCB 法是铜板上撒布厚度均匀的衬垫焊剂，并用压缩空气软管等顶升装置把上述填好焊剂的铜板压紧到焊缝背面，从正面进行焊接而形成背面焊道的一种单面埋弧焊接法。图 4.7 是 FCB 法焊接示意图。

流水线生产厂商有日本新日铁、神钢以及欧洲的厂商。焊丝为 Nittetsu Y-A（ϕ6.4mm 和ϕ4.8mm），底层焊剂 NSH-1R，主要作用是保证焊缝的背面成形；表面焊剂 NSH-50，主要作用是保持电弧稳定燃烧。该工艺焊接速度快，最高可达 1500mm/min。因此，需要在高速和大热量输入的情况下保证焊缝具有良好的力学性能和背面成形。

图 4.6　FCB 法埋弧焊设备

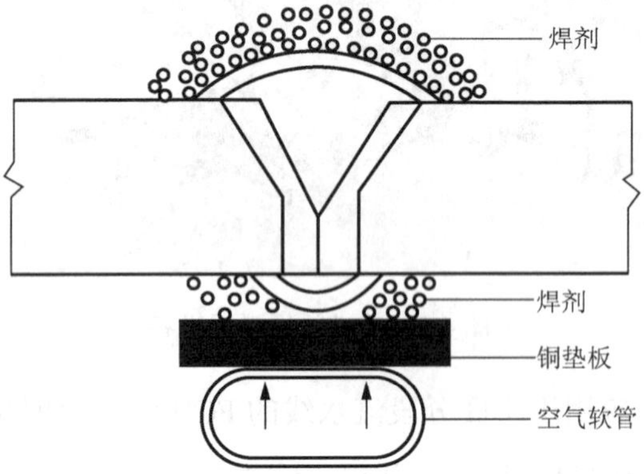

图 4.7　FCB 法焊接示意图

另一种应用较广的方法是焊剂石棉衬垫单面焊，如图 4.8（a）为单面焊结构，图 4.8（b）为衬垫结构。FAB 法是一种单面埋弧自动焊方法，利用柔性衬垫材料装在坡口背面，并用铝板和磁性压紧装置将其固定。其特点是简便、省力、材料成本低廉。它主要应用于曲面钢板的拼接以及船体建造中船台搭载阶段甲板大口的焊接。

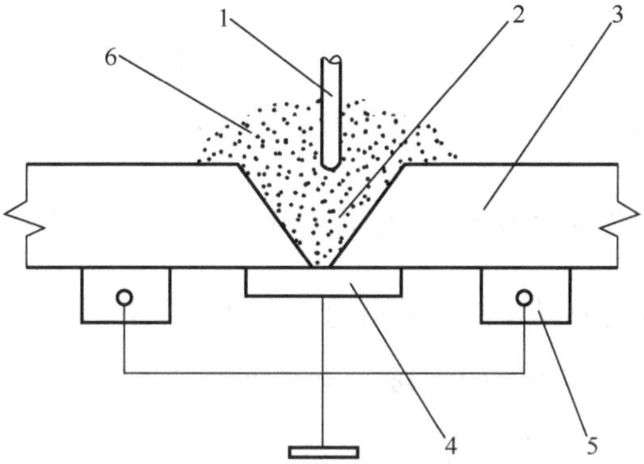

（a）单面焊结构

1-焊丝；2-铁粉；3-母材；4-FAB衬垫；5-磁力马板；6-焊剂

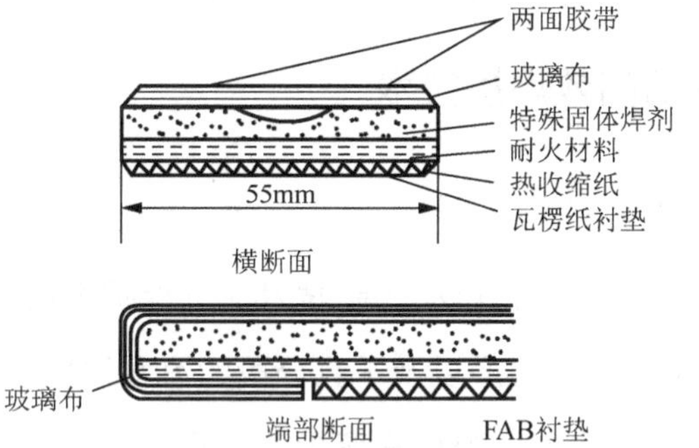

（b）衬垫结构

图 4.8 焊剂石棉衬垫焊接

4. 不锈钢焊接

不锈钢焊接多见于不锈钢管及其附件之间的对接和角接，焊接方法多采用纯 CO_2 气体或 CO_2+Ar 混合气体的 CO_2 半自动或自动焊接，也可采用钨极氩弧焊。根据母材的不同，对于 CO_2 半自动或自动焊焊丝，焊丝牌号常为 1Cr18Ni9Ti 焊丝、316L 实心或药芯焊丝，以及 317L 实心或药芯焊丝，焊丝规格为细丝，一般为

ϕ1.0mm 和ϕ1.2mm 焊丝；对于钨极氩弧焊，焊丝牌号一样，只是焊丝的规格为粗丝，一般为ϕ1.6mm 和ϕ2.4mm 焊丝。对于以铁素体-奥氏体双相不锈钢为船体主要结构材料的化学品船来说，目前都采用国外的名牌产品。

5. 活性气体保护焊焊接技术（MAG 焊）

所谓的活性气体保护焊焊接技术就是采用 CO_2+Ar 混合气体的 CO_2 半自动或自动焊接，普遍应用于不锈钢的焊接。上海船舶工艺研究所开发了适合船厂专用的双丝单面 MAG 焊接技术与装备[2]，坡口内散布切断焊丝，提高了焊接熔覆率，背面粘贴陶瓷衬垫，板厚在 12~22mm 范围内的钢板可一次拼焊成形，适用于船台（船坞）内底板、主甲板等的平直焊缝，焊接速度快，焊接质量好。

4.1.2 船舶制造中的高效焊接技术

1. 焊接机器人系统

机器人焊接是计算机技术、自动控制技术、气保护焊接技术的结合，适用于船舶构件批量化、小型化焊接生产以及平直分段的流水线焊接作业。T 型材焊接在分段产品中用量最多，尺寸大，焊接易变形，矫正工作量大。现在的方案是采用流水线作业生产，通过可编程逻辑控制器（programmable logic controller，PLC）和变频器对整条生产线进行控制。T 型材焊接机器人系统主要由进料输送辊道、机械装配机、液压校直机、定位点焊机、出料输送辊道以及六条 T 型材多电极门式自动焊接机等。其中的 T 型材多电极焊接采用双枪、双丝 CO_2 气体保护焊焊接法，如图 4.9 所示，设备在 T 型材的两侧同时焊接，一次焊接成形。焊后的矫正工作则由专门的 T 型材矫形设备对面板、腹板进行对中矫正，满足后续装配需求，如图 4.10 所示。

图 4.9 T 型材多电极焊接

图 4.10 专用 T 型材矫形设备

现在，国内一些骨干船厂已经应用了小组立焊接工作站，如图 4.11 所示。小组立工作站主要用于对肋板框架等小组立部件进行定位焊装配、自动焊接、打标等工作。该工作站采用激光与机器人运动控制系统集成技术实现了对工件需焊接位置的自动识别、自动抓取、自动启动焊接程序与调用焊接工艺参数；真正做到了对批量规则多种规格的小件自动上料、自动输送定位、机器人自动寻位识别和智能连续闭合焊接、自动下料等无人化工作。图 4.12 是智能标识焊接机械手，通过熔化焊丝的方式在船舶构件底板上形成字母和汉字。

平面分段生产线主要用于对平面分段制造所需的钢板进行拼装组对、拼板对接焊接、纵骨安装焊接，对分段装配组焊中 T 型材对接焊缝焊接，对水密补板全位置焊缝进行焊接，对肋板进行自动装入及分段智能搬运等工作。

图 4.11　小组立焊接工作站生产线

图 4.12　智能标识焊接机械手

图 4.13 是列板拼焊的焊接设备，采用双电极埋弧焊技术。该设备可以根据钢板拼接焊缝的不同方位进行旋转和移动定位，使双丝埋弧焊小车的焊枪与焊缝位置平行，通过主门架的纵向移动带动搭载的焊接小车进行移位，完成不同位置的钢板焊接。当列板焊接完成后，纵骨开始点装焊接，通过滚轮自动输送装置，将纵骨点装件输送至焊接工位。纵骨焊接工作量比较大，属于长的角焊缝，设计上采用双侧六电极同时进行纵骨焊接。每个机械手配 6 把焊枪，每侧 3 支枪，对 6 根纵骨的两侧同时进行焊接，配置烟尘处理设备，如图 4.14 所示。

图 4.13 双电极埋弧焊拼板焊接设备

图 4.14 双侧六电极六纵骨焊接设备

T 型材对接与水密补板焊接机器人见图 4.15 和图 4.16，该机器人攻克了自动寻位与电弧跟踪等技术，解决了狭小空间内直线、圆弧、垂直与水平等复杂焊缝全位置连续焊接的难题，实现了同一分段空间内多纵骨间机器人的自动焊接以及水密补板的机器人焊接。

图 4.15 机器人焊接 T 型材对接焊缝

图 4.16 机器人对水密补板进行全位置焊缝

图 4.17 是爬行焊接机械手，它可以应用于分段建造的各个阶段，采用蓄电池驱动，方便携带与操作，并通过多种形式轨道的配合完成平焊、横焊、立焊、曲面等角焊缝和对接焊缝的焊接。

图 4.17　爬行焊接机械手

2. 激光-电弧复合焊接

激光-电弧复合焊接具有焊接速度快、自动化程度高、焊接热变形小等优点，是船舶焊接技术发展不可缺少的一种新技术，尤其在铝合金的焊接中有明显优势。近来，这一技术已经在日本、韩国和欧美一些国家得到了广泛的研究与应用，而我国应用得还较少。

激光-电弧复合焊接技术特点：可有效利用激光能量，电弧先熔化母材，提高激光吸收率；增加熔深，利用激光束作用于熔池底部，进一步提高熔深；稳定电弧，激光使气体电离产生等离子体，有助于稳定电弧；降低对焊缝装配精度要求，装配间隙可由 0.3mm 增大至 1mm。激光-电弧复合焊接的另一个主要优点在于，焊接变形非常小，焊后的修整工作量大为减少。

3. 搅拌摩擦焊

1991 年，英国焊接研究所发明了搅拌摩擦焊（friction stir welding，FSW），这项杰出的焊接技术发明为世界制造技术的进步做出了贡献。搅拌摩擦焊属于固相焊接，与传统的熔化焊接相比，具有无强光、无飞溅、无烟尘、不需要焊材、接头无气孔和夹杂及裂纹等优点，并具有细晶组织，属于优质无污染的焊接技术。

搅拌摩擦适用于制造大型船舶铝合金结构件，国外已采用此技术生产预成型结构件，使船舶制造由零件的制造转变为船舶甲板以壳体的预成型结构件的装配。迄今搅拌摩擦焊已经在英国、法国、挪威、瑞典等得到船级社的认证，甚至美国、澳大利亚和日本的船级社也批准搅拌摩擦焊成为新型船舶制造工艺技术。如大型豪华游轮“Star Princess”号 25%的船用铝合金壁板构件由搅拌摩擦焊制造，总体成本降低约 5%。我国“双体穿浪隐形导弹快艇”的宽幅铝合金壁板制造也应用了搅拌摩擦焊技术。总之，搅拌摩擦焊是一种先进的铝合金焊接技术，可以在铝合金船舶制造中推广应用。

总的说来，目前船厂主要的焊接类型有：CO_2气体保护焊、埋弧自动焊、FCB 法、气电垂直自动焊和焊条电弧焊。由于 CO_2焊接的方便性和高效性，目前 90%以上采用 CO_2焊接的方式。但随着焊接工人的短缺，依靠人工的焊接方式难以满足船厂进一步的需求，因此，通过采购机器人来代替工人进行焊接工作，建设智能化焊接作业车间，这样不仅有利于减少工人的需求量，同时对于焊接质量的控制也有着极大的帮助。

4.2 焊接结构制造上的技术问题

图 4.18 所示为设计、材料及施工各个部分间的关系。图 4.18 的左侧与使用条件有关，根据这些来确定接头性能的要求值；图 4.18 的右侧与材料和施工有关，为了保证满足所要求的性能必须选择合适的材料、焊接方法和焊接条件[3]。对包含着焊接结构性能和成本的质量保证来说，设计阶段的工作特别重要。

设计、材料、施工是作为三个分类来考虑的，但在实际应用中这三者是一体的。例如，材料确定了，它的性质弄清楚了，就开始决定设计和施工方法。在实际工艺中，影响焊接过程的有焊接条件和热影响。

在焊缝质量检测方面，目前主要有磁粉检测（magnetic particle testing，MT）、超声检测（ultrasonic testing，UT）、渗透检测（penetrant testing，PT）和射线检测（radiographic testing，RT）四种方式。对于涉及密性的位置有如下检测方式：真空、充气和磅压。现在密性检测尽量在分段制造阶段完成。

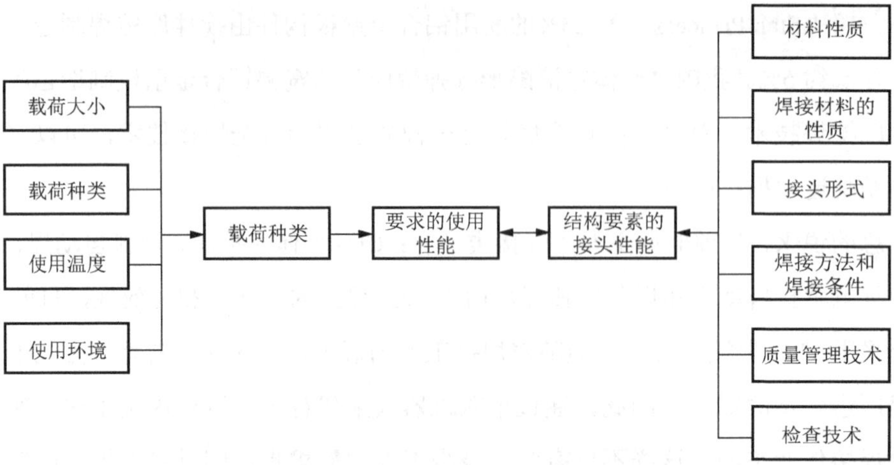

图 4.18　焊接结构的设计、材料、施工的关系[3]

4.2.1　焊接条件和热影响

1. 温度分布和冷却时间

焊接部位韧性低下，存在焊接裂纹、变形和残余应力等，这些都是焊接的缺点。为了弥补这些缺点，如何巧妙地控制焊接热很重要。如果使用方法恶劣，焊接热是直接或间接发生焊接缺陷的原因。焊接部位的温度分布和冷却速度与接头性能有密切的关系。因为这不是本书探究的重点，不再详细介绍这些内容。

对于实际问题，焊接区域的温度变化十分复杂，想单纯地只用计算求解是不可能的。如材料性能参数都是与温度相关的，热效率的取值也是一个麻烦的问题，可以使用相关文献中的经验数据。然而，对于实际问题，热效率是重要的因素，它根据焊接方法不同而不同，而且对同一焊接方法又会因为施工条件不同而异。

2. 焊接线能量和焊透形状

即使焊接线能量相同，焊透形状也不相同。焊透形状与焊缝金属的结晶方向有关，这就是焊接产生热裂纹的原因。

3. 冷却时间与热影响区的硬化

焊缝两侧受焊接热作用，发生了组织变化和机械性能变化的母材部分称为热影响区。如图 4.19 所示为低碳钢焊接接头的组织示意图，根据加热的温度不同，金相组织也发生变化，表 4.3 给出了低碳钢的热影响区的金相组织[4]。热影响区的组织硬化，会产生冷裂纹，也会影响接头韧性。

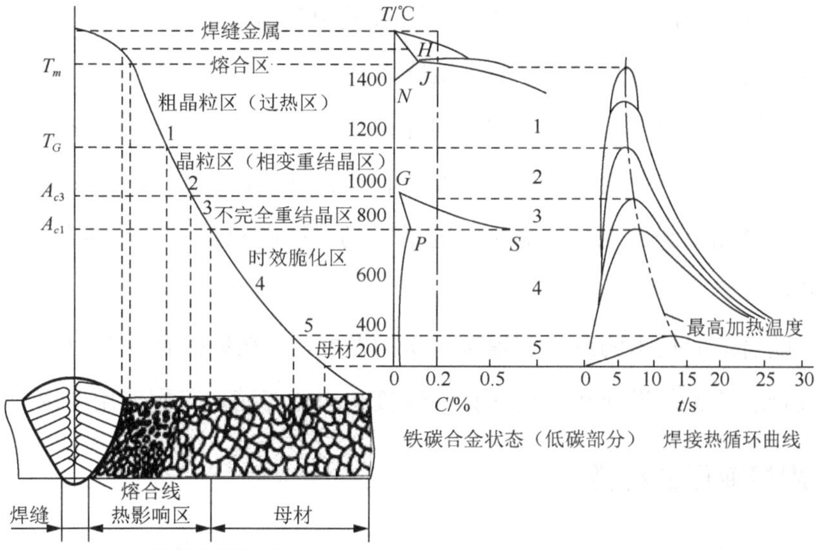

图 4.19　焊接热影响区的温度分布与状态图的关系[4]

1～5 表示各个热影响区

表 4.3　低碳钢的热影响区金相组织

名　　称	加热温度	组织状态
部分相变区（或不完全重结晶区）	$A_{c1} \sim A_{c3}$	未发生相变的铁素体和部分相变后的细小珠光体、铁素体
细晶区（或相变重结晶区）	$A_{c3} \sim T_G$	正火区，细小铁素体和珠光体
粗晶区（过热区）	$T_G \sim T_m$	粗大的针状铁素体和索氏体
熔合区	温度处于液相线与固相线之间	加热时处于半熔化状态，冷却后晶粒粗大，化学成分与组织很不均匀，成为过热组织

注：A_{c1} 为在加热过程中奥氏体开始形成的温度；
A_{c3} 为在加热过程中奥氏体完全形成的温度；
T_G 为晶粒开始急剧粗化的温度；
T_m 为熔点

对表示热影响区的硬化倾向来说，一般采用碳当量是方便的。碳当量越高，钢材淬硬倾向越大，热影响区冷裂纹敏感性也越大。

由上可知，焊接过程是一种对金属不均匀加热和冷却的过程，存在着固相向液相的转变，以及液相向固相的逆转变，而且是在瞬间发生的，钢材经过焊接加热后，会有金相组织的变化，破坏原有的结构平衡和稳定状态，导致其产生残余应力和变形。

现在随着造船技术的进步和焊接技术的发展，虽然焊接有内应力和变形问题，但是经过合理的工艺设计和工程计算，焊接结构能够满足工程应用要求。

4.2.2　焊接变形的种类

焊接变形的形式一般可分为 6 种：纵向收缩、横向收缩、弯曲变形、角变形、波浪变形、扭曲变形。在同一结构中可能同时存在几种变形[5]。

纵向收缩变形：焊缝的纵向收缩所引起的构件沿长度方向的收缩。

横向收缩变形：焊缝的横向收缩所引起的构件垂直于焊缝长度方向上的收

缩，如图 4.20 所示。

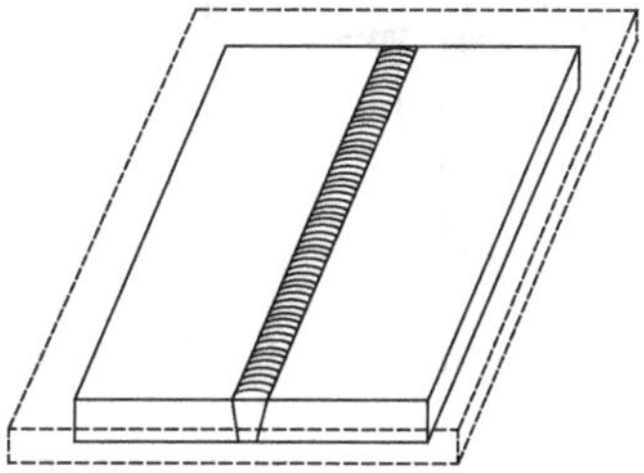

图 4.20 纵向收缩和横向收缩

弯曲变形：由于构件的横截面不对称，焊缝分布不在构件的中和轴上，焊后构件常发生弯曲变形，这种变形可以由焊缝的纵向收缩引起，也可以由焊缝的横向收缩引起，如图 4.21 所示。

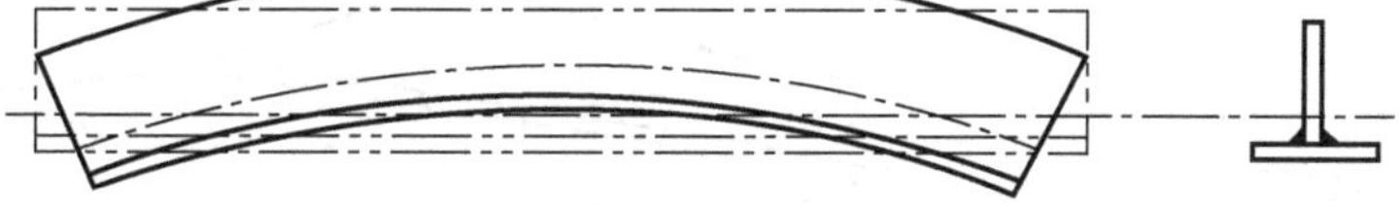

(a)

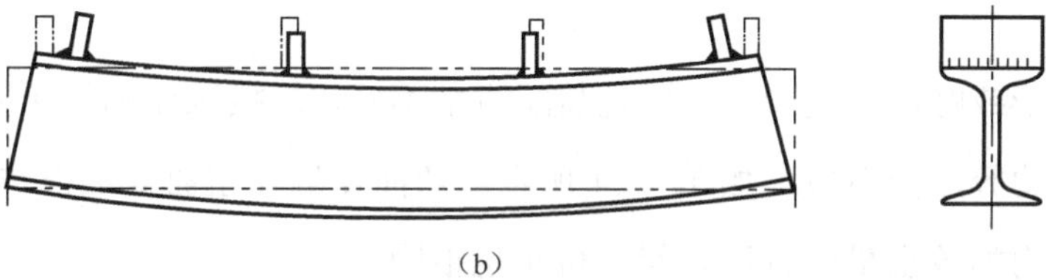

(b)

图 4.21 弯曲变形

角变形：对接接头、搭接接头和 T 型接头在焊接时，往往会产生角变形，如图 4.22 所示。产生这种变形的根本原因是横向收缩变形沿板厚方向分布不均匀。对接接头上部焊缝宽度远大于根部，因此接头上部的横向收缩变形最大，而根部接近于零。坡口角度越大，接头上下部横向收缩量差别越大。在板厚方向的横向收缩变形分布不均匀，造成钢板平面偏转角度，即产生角变形。

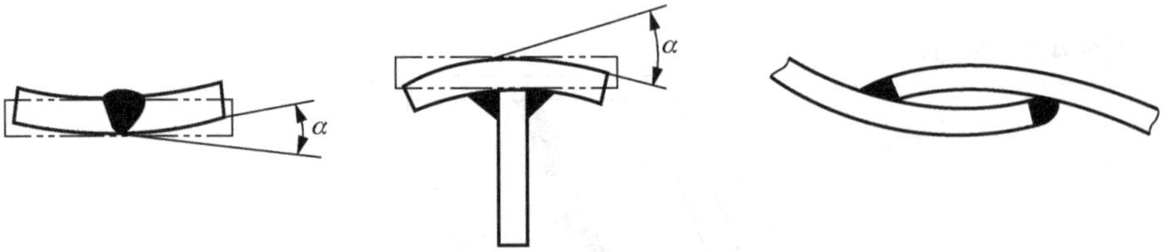

图 4.22　角变形

T 型接头是由沿面板板厚方向受热不均匀引起的，角变形的大小取决于焊接尺寸和面板的板厚。

波浪变形：在焊接时，由于焊缝的纵向收缩，焊接后板材产生内应力。一般情况下在焊缝附近产生拉应力，离焊缝较远的区域产生压应力。当压应力足够大时板材将丧失稳定性，产生波浪变形，如图 4.23 所示。

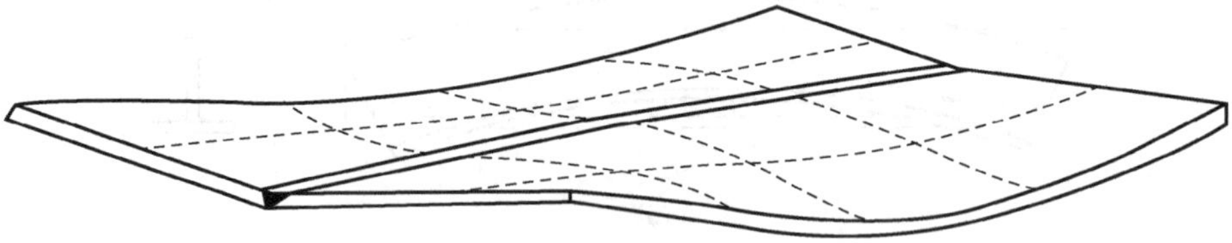

图 4.23　波浪变形

扭曲变形或螺旋形变形，主要是装配质量不好、焊接顺序和焊接方向不合理，以及焊接错边等原因造成，如图 4.24 所示。弯曲变形和扭曲变形很难像纵横收缩变形那样采用加放余量的方法补偿，矫正也很困难。

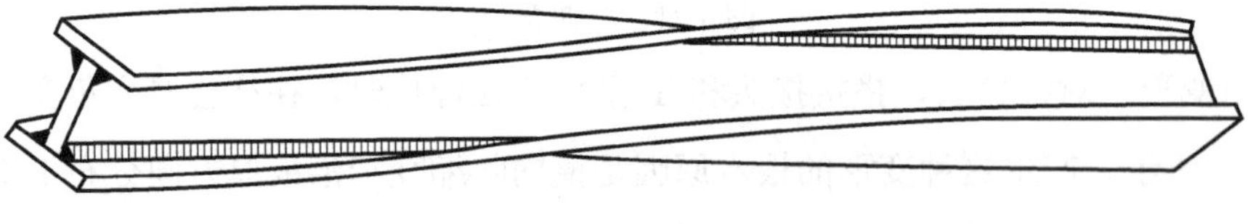

图 4.24　扭曲变形

4.2.3　焊接变形的计算

在我国造船厂的焊接工艺中，对于焊接变形的控制仍然凭借经验或者利用一些由实际数据统计总结出来的简单公式，如陈楚[5]提出的简单结构件的线能量计算法，适用于平板对接和 T 形梁焊接变形计算。然而，这些简单结构的焊接收缩计算公式往往难以达到工艺要求的精度和性能，影响整个造船过程的经济效益和建造进度[6]。

由于船体分段类型和结构形式多样，预测分段焊接变形是困难的。为此，人们提出了多种预测分段焊接变形的分析方法。

试验法：20 世纪 30 年代的焊接变形研究是以试验和经验来导出简单结构的焊接变形模型，即通过试验、经验及实测数据建立变形量的统计公式，在板构件上预留一部分焊接收缩余量来抵消焊接时产生的收缩、弯曲、角变形等。然而这种经验值或者测量数据都是简单结构的变形，真实复杂结构的变形不能通过有限的试验结果来分析，所以试验法只能用于估算简单结构的特定变形。

解析法：即弹性理论法，它以焊接热传导理论、结构力学理论、残余塑性应变理论或弯曲理论为基础，忽略焊接的热弹塑性过程，采用解析法研究焊接变形，包括固有应变理论、转位论等，只考虑残余塑性应变，并假设所有的区域（包括固有应变区）都保持弹性。此方法对一些简单的焊接构件较为适用，对复杂的构件几乎无法应用。

20 世纪 50 年代，苏联学者奥凯尔布罗姆[7]在考虑材料机械性能与温度的相互依赖关系的情况下，用图解的形式分析了焊接过程的热弹塑性及其动态过程。后来的研究者们基于该理论，提出了残余塑变计算焊接变形的解析法。

解析法的优点是物理概念清楚，能够比较清楚地表示出各种因素的影响。但由于该方法是建立在平截面假定和其他一些假定的基础上的，故只能用于一些简单的焊接构件。

数值模拟方法：随着大型商业有限元软件 ANSYS、Marc、Abaqus 等的广泛应用，近些年数值模拟法成为焊接变形研究的主要手段。

1. 热弹塑性有限元法

热弹塑性有限元法预测焊接变形的过程为：先进行焊接热循环分析，得到整个焊件在焊接过程中任一时刻的温度场，再将温度场输入应力应变分析程序，进行应力和变形的分析计算。

由于焊接热弹塑性有限元计算过程是个典型的非线性过程，矩阵方程奇异性大，使得收敛困难，要经过多次迭代才能达到必要的收敛精度，同时分析过程需要模拟整个焊接及冷却过程，使得热弹塑性有限元分析计算量非常庞大，分析时间长，需要占用大量计算机资源，所以此方法对大型实际结构的焊接过程进行精确模拟是不可行的，难以在实际生产中应用。

2. 固有应变法

固有应力和固有应变是日本学者上田幸雄等提出和应用的概念[8]，焊接固有应变是塑性应变、温度应变和相变应变三者之和。焊接构件经过一次焊接热循环后，温度应变为零，固有应变就是塑性应变与相变应变残余之和。

考虑到焊接的实际情况，焊件局部加热到很高温度，而周围温度较低的部位不能自由变形，对加热部分的热膨胀产生约束作用，只是焊缝及其附近的高温区积累了压缩塑性变形，可以认为固有应变仅存在于焊缝及其附近。固有应变可以看成是残余应力和变形产生的原因，只要知道固有应变的分布规律，就可以仅用一次弹性有限元来预测焊接变形。

利用固有应变分布求出焊接变形的方法有固有变形法和等效载荷法。固有变形法是把对固有应变进行积分而求出的收缩量及角变形定义为固有变形，从而求出存在固有变形的连续体的弹性理论解的计算方法。等效载荷法是把焊接变形转化为等效的收缩力和弯曲力矩，并将其作用于焊接结构，通过弹性有限元分析求出变形的方法。在求出等效载荷的过程中，一种方法是利用焊接变形的实验结果，求出具有相同效应的载荷，另一种方法是把固有应变进行积分而得到等效载荷。固有应变有限元法是一种既能解决大型复杂结构，又比较经济实用的预测焊接变形的方法，能够直接解决工程实际问题，有很好的实用意义和发展前途。

其他方法：除了上面的方法之外还有黏弹塑性有限元法、线弹性体积收缩法、人工神经网络法等。

综上，虽然对焊接变形的计算进行了各种研究，但问题是极其复杂的。例如，大型焊接结构的变形状况和小型试样的情况大不相同，焊前装配的尺寸精度对焊接变形有显著影响等。要解决这些问题，还需要继续收集资料，分析研究。

对于提高产品性能、降低成本，焊接技术都发挥了重要作用。造船精度控制的特征之一是对产品进行定量分析，要求预测焊接结构的变形状况，即焊接过程的数值化。时至今日，焊接变形的分析技术虽然取得了很大的进步，但是多么高级的分析过程都有一定的假设条件和计算范围，仅止于定性的说明而不能用定量说明的现象还很多。尽量把结构的焊接变形变成定量化的，就能够与精度控制沟通了，这是今后重大的研究课题。

4.3 焊接残余应力和变形的控制

在船体建造过程中，焊接结构件的变形和残余应力会对接头的性能有着较大的影响，焊接残余应力的存在会使得船体构件的强度、韧性下降，焊接构件的变形不利于船体制造精度的控制，从而影响船舶的建造质量。因此，在实际的焊接工作中需要采取一系列的工艺措施以达到降低或消除焊接变形与残余应力的目的，主要有焊前预防措施、焊接过程中的控制措施和焊后矫正措施。

1. 合理的船体结构设计

应合理设计船体结构，正确布置焊缝，避免应力叠加，减小焊接变形。

（1）在保证结构强度的前提下减小结构刚度，避免应力集中和结构硬点。《钢质海船入级规范 2018》第二篇通则规定，次要构件的端部一般应设置连接肘板，如图 4.25 所示。

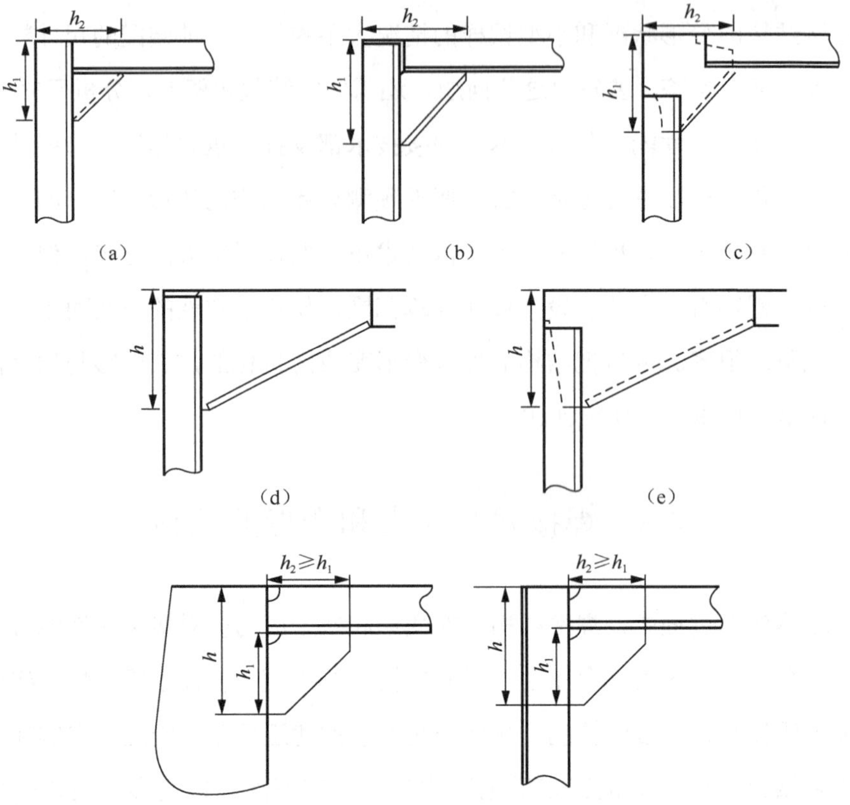

图 4.25　端部连接肘板

（2）避免焊缝聚集。根据国际船级联合会（IACS）标准的要求，船体主要结构中的平行焊缝应保持一定的距离，单面V形坡口衬垫焊时，坡口间隙大于25mm时，对接平行焊缝之间的距离应不小于300mm，极限尺寸为150mm，且避免尖角相交，如图4.26所示；对接焊缝与角接焊缝之间的平行距离不小于10mm，图4.27所示。

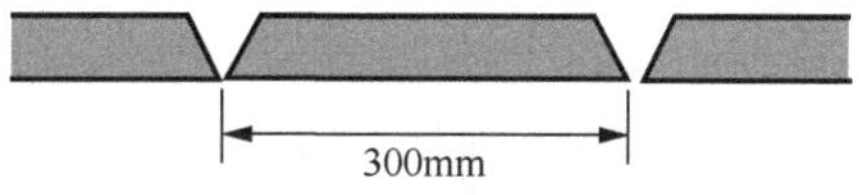

图4.26 平行焊缝的距离

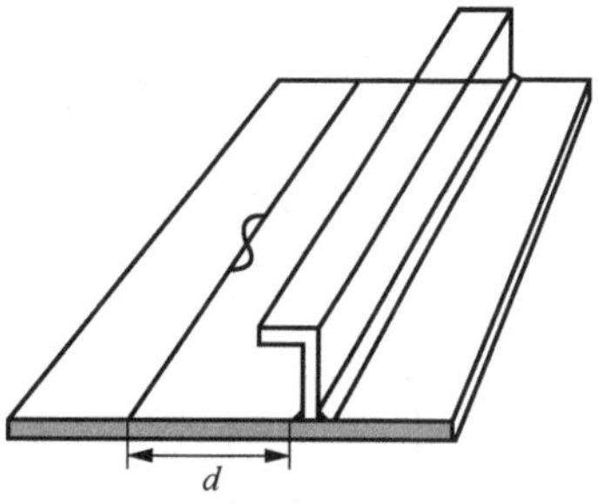

图4.27 对接焊缝与角接焊缝的距离

（3）设计上尽量避免三周交叉焊缝。如图4.28箭头所示的圆圈位置所示，双层底和舷侧交叉的位置在船厂被称为三心对位点，内底斜板和舷侧内板已经由过去的两张板焊接改为一张板，采用压型的方法进行折弯成形，然后与舷侧平台板进行焊接，这样减少了焊缝，便于精度控制。

2. 执行合理的焊接工艺原则

焊接过程控制主要方法有采用合理的焊接方法、设定焊接规范参数、选择合理的焊接顺序等。焊接顺序对焊接残余应力和变形的产生影响较大，在采用不同的焊接顺序时，可以改变残余应力的分布规律，但对残余应力整体幅值的降低作用不大，同时该方法对于控制焊接变形有较大的作用，尤其在多道焊中，作用更加明显。

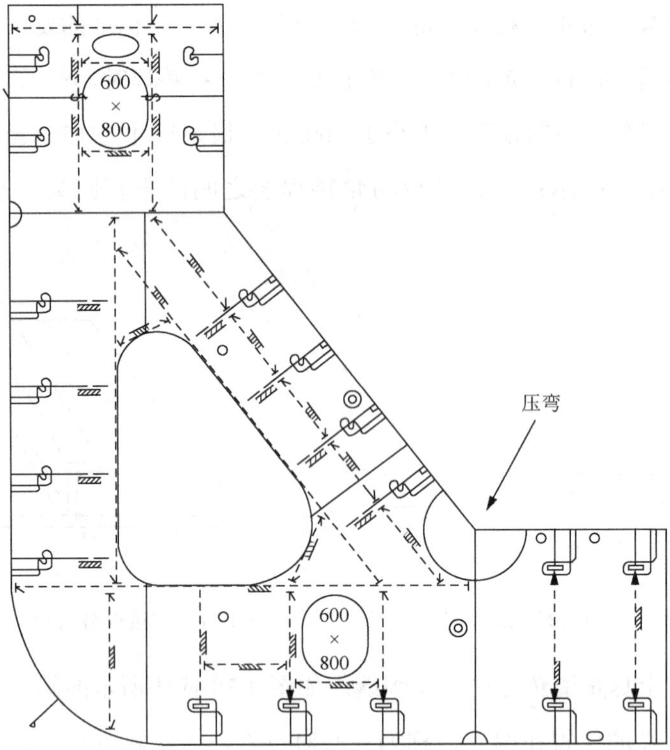

图 4.28　舷侧和内底的结构设计（单位：mm）

（1）采用合理的焊接顺序和方向：①先焊收缩量较大的焊缝；②先焊工作时受力较大的焊缝；③在船体结构中，对具有中心线且左右对称的构件，应左、右、前、后对称地进行焊接，应以双数焊工同时施焊；④船体结构中既有对接焊缝又有角焊缝时则先焊对接焊缝，后焊角焊缝，所有焊缝采取由中间往左右、由中间往艏艉的顺序焊接；⑤手工焊时，对较长焊缝应采用单向分段退焊法、分中分段退焊法和跳焊法；⑥多层焊时，同一层焊道的焊接方向要一致，各层的焊接方向可以相反，但接头要错开。

船体建造中典型结构的焊接数序如图 4.29～图 4.31 所示，图中的序号①②等为焊接先后次序。图 4.29 为船体内部的桁、肋及构架的焊接顺序；图 4.30 为对接接头交叉焊缝焊接顺序；图 4.31 为角焊缝与对接接头交叉的焊接顺序。

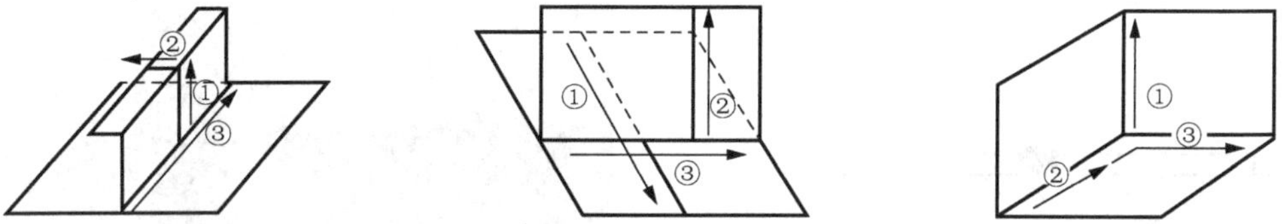

图 4.29　船体内部构件的焊接顺序

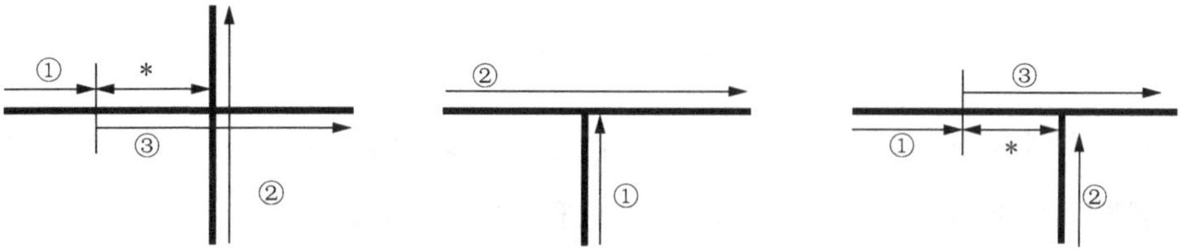

图 4.30　对接接头交叉焊缝的焊接顺序

前一道焊缝焊完以后，交叉坡口内的焊缝金属应清除干净，磨修坡口，
再焊下一道焊缝；*表示留焊区，一般为 200～300mm

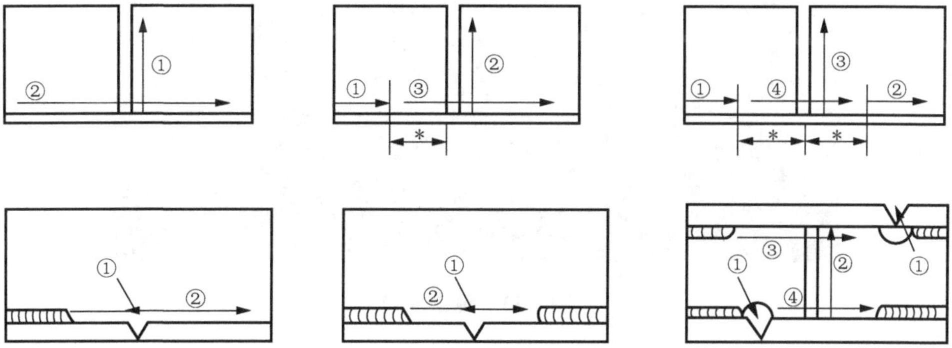

图 4.31　角焊缝与对接接头交叉的焊接顺序

原则上，先焊对接焊缝，后焊角焊缝；*表示留焊区，一般为 200～300mm

（2）反变形法。根据焊件在生产中已经发生的变形规律，在待焊工件装配时设置与焊接残余变形大小相当、方向相反的预变形量（反变形量），焊后焊接残余变形抵消了预变形量，使构件恢复到设计要求的几何形状和尺寸，如图 4.32 所示。

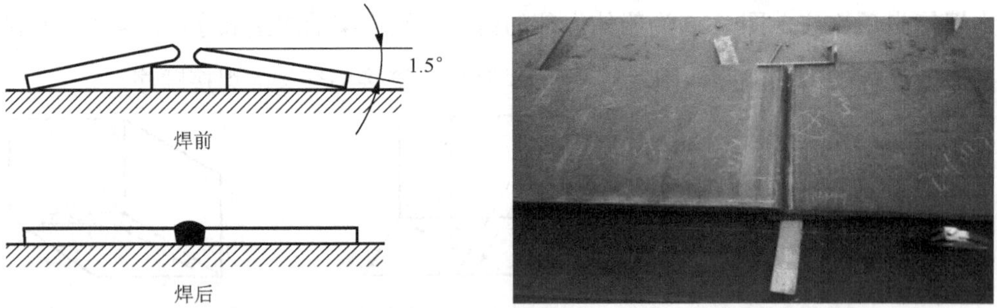

(a) 示意图　　(b) 反变形焊接

图 4.32　反变形法焊接平板

(3) 锤击或碾压焊缝。用小锤对焊缝进行均匀适度的锤击，使焊缝金属在高温塑性好时得到延伸，从而减小应力和变形，见图 4.33。

图 4.33　锤击焊缝

(4) 焊接时预热和跟踪加热。焊前将焊件加热到 400℃以下温度，减小焊接区与周围金属的温度差，从而减小焊接应力。焊后的跟踪加热相当于去应力退火，可以使焊接变形减小 80%左右。例如，图 4.34 是某船舱口围高强度钢板焊接时采用电加热温片进行层间焊前加温，保证焊接过程中的应力能够均匀释放。

图 4.34　电加热片进行焊前预热

（5）刚性固定法。将被焊构件尽可能地固定，可有效地控制待焊构件的角变形与弯曲变形等，如图 4.35 所示。

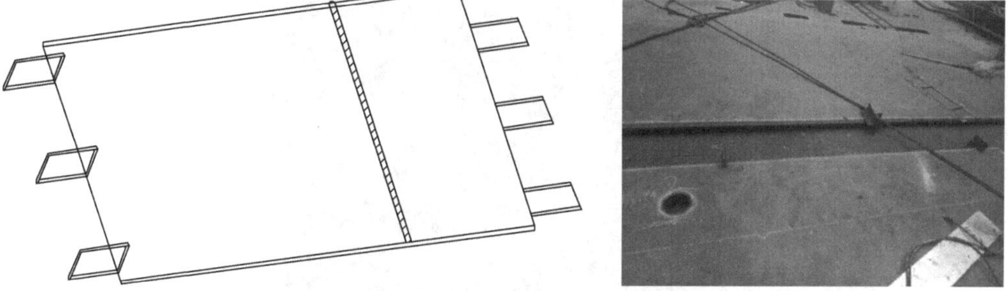

（a）示意图　　（b）刚性固定实景

图 4.35　刚性固定焊件

（6）拘束焊道。在 FCB 焊接时，在焊缝端部一定长度范围内，比如 350mm，采取手工焊或半自动焊把引弧板或熄弧板焊接到焊缝的端部，以拘束焊道，如图 4.36 所示。另外，在进行结构装焊时，常常采用马板固定的方式进行装配，如图 4.37 所示，然后再进行焊接，以减小焊接变形。

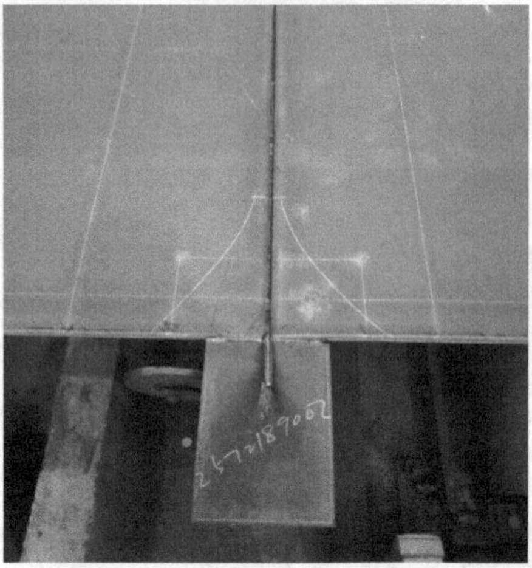

图 4.36　拘束焊道

图 4.37　马板装配焊接

3. 焊后矫正措施

当焊接变形超出造船精度误差后，一般采用火工矫正或者机械矫正的方法使结构的形位精度达到制造要求，当无法矫正至合格标准时，则需要重新制作结构件。为了确保分段的准确性，造船厂的精度控制部门在零件下料时给出相应的焊接变形补偿量。

机械矫正：利用外力作用来强迫焊件的变形区产生方向相反的变形，以抵消原来产生的塑性变形。

火工矫正：对板材变形伸长部位的金属表面进行有规则的集中加热，并达到一定的温度，冷却后，该部位金属就获得了不可逆的压缩塑性变形，使变形的板材得到矫正。火工矫正是目前采取的主要矫正方法，如图 4.38 所示。关于火工矫正的内容在 2.3.3 节中已经详细阐述。

图 4.38 火工矫正

4.4 小 结

焊接技术是船舶分段建造的基础连接技术，焊接技术的发展决定了船舶的建造水平。本章主要阐述了船厂常见的高效焊接技术，以及焊接变形和残余应力对船舶结构的影响，最后介绍了常见的控制焊接残余应力和变形的工艺措施。

参 考 文 献

[1] 张雪彪, 刘玉君, 徐宏伟. 船舶高效焊接工艺现状及发展[C]//2008 中国大连国际海事论坛论文集，大连，2008.

[2] 赵伯楗, 毛信顺, 曹凌源, 等. 平板对接双丝单面 MAG 焊接工艺与设备[J]. 造船技术，2004（3）：37-38.

[3] 栗山良员, 矢田敏夫. 焊接结构的质量保证[M]. 展玉全, 译. 北京：国防工业出版社，1987.

[4] 孙维善. 船舶焊接[M]. 北京：国防工业出版社, 1985.

[5] 陈楚. 船体焊接变形[M]. 北京：国防工业出版社, 1985.

[6] 林锦容, 黄孟. 船体装配中焊接补偿量的确定[C]//福建省科协第八届学术年会船舶及海洋工程分会论文集, 福州, 2008:121-125.

[7] 奥凯尔勃洛姆. 焊接变形与应力[M].雷原, 译. 北京: 机械工业出版社, 1958.

[8] 上田幸雄, 村川英一, 麻宁绪. 焊接变形和残余应力的数值计算方法与程序[M]. 罗宇, 王江超, 译. 四川: 四川大学出版社, 2008.

5 现代造船测量技术

在船舶制造业，船舶建造系统是建立在成组技术基础上的，应用产品导向型作业分解结构来划分生产任务，并将船体构造、舾装设备和涂装集成在一起。这样的船舶建造系统要求每个程序都必须精准无误，每个阶段都处于正确的控制中。在建造过程中，要保证工件的几何形状、尺寸和位置都处于可控状态。这就需要准确地对现场的中间产品及其施工情况的信息进行收集和分析，因此，可靠的检测工具和较高的测量水平是提高造船精度的保障。

传统测量方法中，使用包括铅锤线和木样板在内的传统测量工具都需要大量的人工，在划线测量时，需要技术熟练的工人来操作，测量精度也一般。随着数字化造船技术的发展，使用三维测量系统的船厂越来越多，船体结构的测量精度也随之提高。现在，主要的三维测量系统有四种类型：经纬仪测量系统、工业全站仪测量系统、摄影测量仪系统和激光跟踪测量系统等。本章对传统的测量系统和四种三维测量系统进行介绍，并简要说明它们的工作原理。

5.1 传统的测量方法及设备

传统的测量方法仍然是目前施工过程中广泛使用的方法，此类方法一般具有简单、直观、易于为操作人员所掌握的特点，且能够解决工程中一般精度要求的问题。在船体分段建造时主要测量项目有：水平度、垂直度、主尺度、同面度、平整度。在传统测量工具条件下，造船工人采取特殊的工法对这些尺度进行检测。

传统测量设备/装备主要有水平软管、水平仪、经纬仪、铅锤、0.5mm 钢丝和钢卷尺等。另外，以样板、样棒、样箱作为基准检测零件的成形质量。下面主要叙述分段的传统测量过程。

（1）水平度测量。水平度测量以水平软管在胎面下测量为主，称为“胎面水平”（图 5.1）。水平软管内部充有水，当水平软管两端的压力相等时，两根管子的液面高度是相等的（图 5.2）。其他尺度测量均在“胎面水平”达到标准要求基础上测量，否则没有测量意义。尤其是垂直度测量，其与水平度是相互依存的。水平度测量往往选取分段的“硬”点，即纵横结构交叉点进行均布式测量，一般地，每个分段胎面选取强力结构件交叉点。

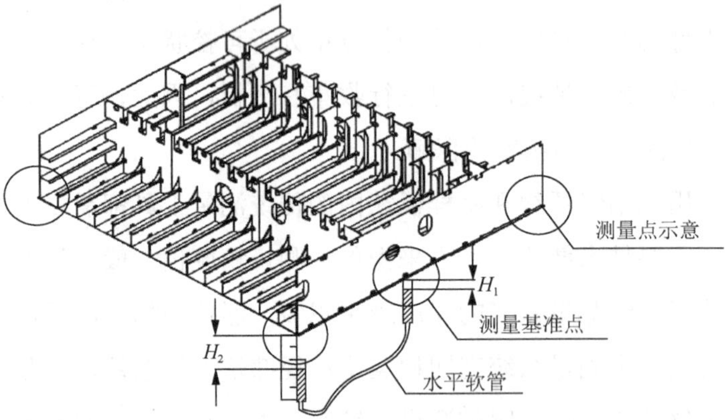

图 5.1　分段水平度测量示意图

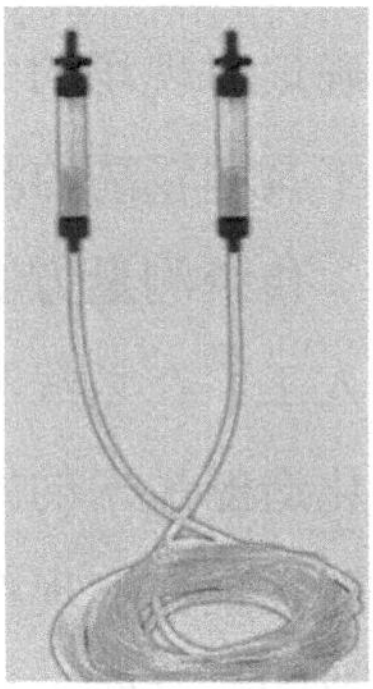

图 5.2　水平软管

（2）垂直度测量。垂直度测量主要使用铅锤。测量对象是胎面以上的纵横舱壁。为便于读数，在舱壁顶端做出固定长度的悬臂，用于悬挂铅锤，而在分段下面使用钢卷尺测量外板和铅锤之间的距离数。一般选取舱壁的端口和纵横结构交叉点位置进行，测量点数不少于 3。图 5.3 是分段垂直度测量示意图，图 5.4 是铅锤。

（3）主尺度测量。主尺度测量是使用钢卷尺测量分段的长、宽、高尺寸的过程。测量时，由两人配合，一人将钢卷尺 100mm 点压在分段 100mm 检查线上，另一人在分段另一端口读取钢卷尺上测量尺度。图 5.5 是分段主尺度测量示意图。

图 5.6 为 50m 尺。

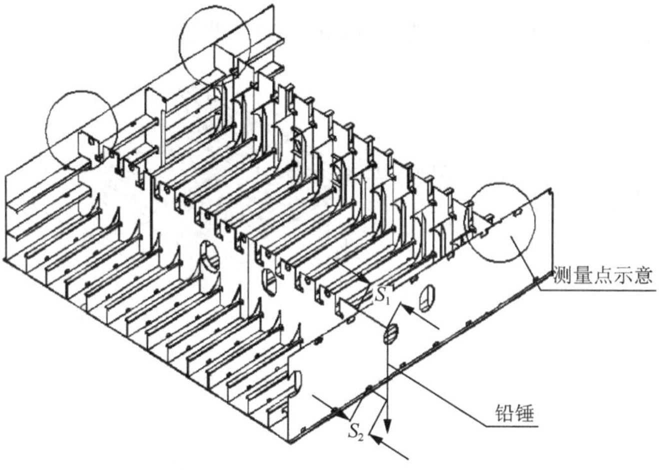

图 5.3 分段垂直度测量示意图

图 5.4 铅锤

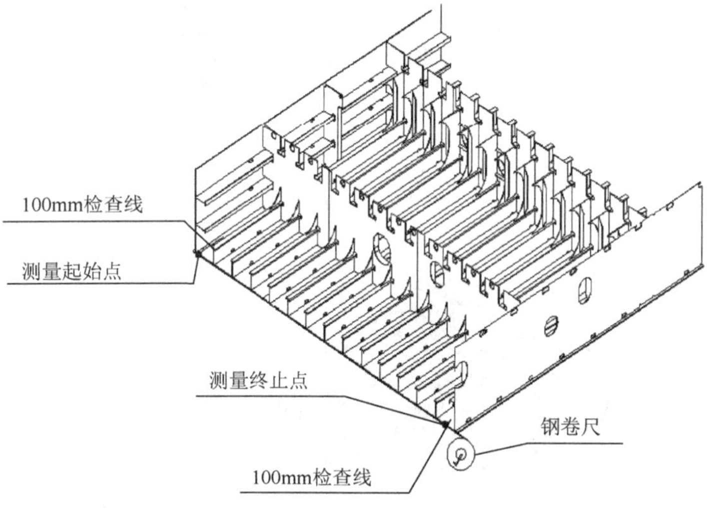

图 5.5 分段主尺度测量示意图

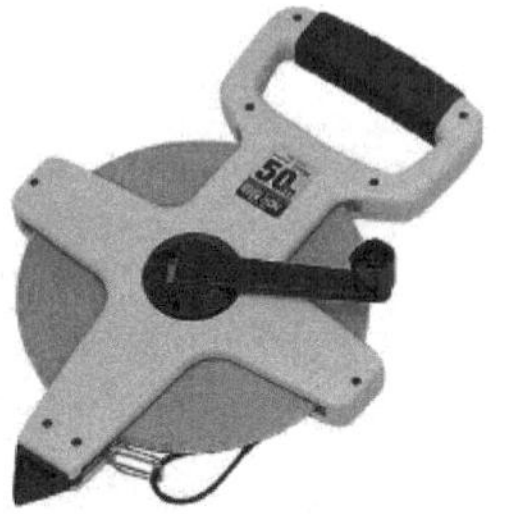

图 5.6 50m 尺

（4）同面度测量。同面度测量主要运用了经纬仪在仪器镜头纵轴方向形成与地面垂直面的特性。使用经纬仪进行检测，测量过程相对复杂，需两人配合。主要分为以下步骤：①在 100mm 检查线上使用木杆压点，见图 5.7（a）；②仪器操作者移动仪器对点，见图 5.7（b）；③测量人移动木杆找点，见图 5.7（c）；④划线人员用样杆或粉线号线，见图 5.7（d）；⑤气割工按线切割，见图 5.7（e）。

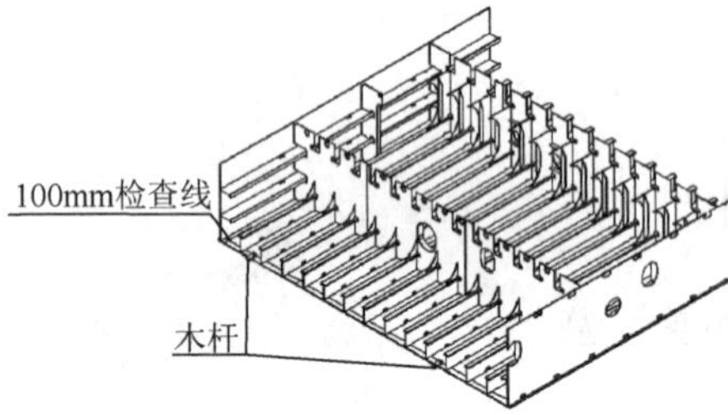

（a）在100mm检查线上使用木杆压点

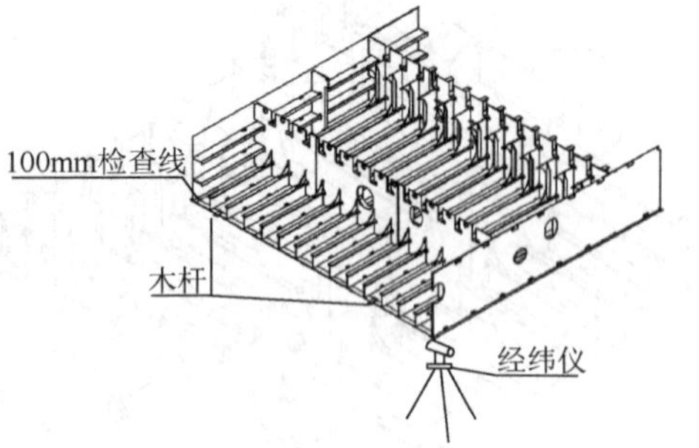

（b）仪器操作者移动仪器对点

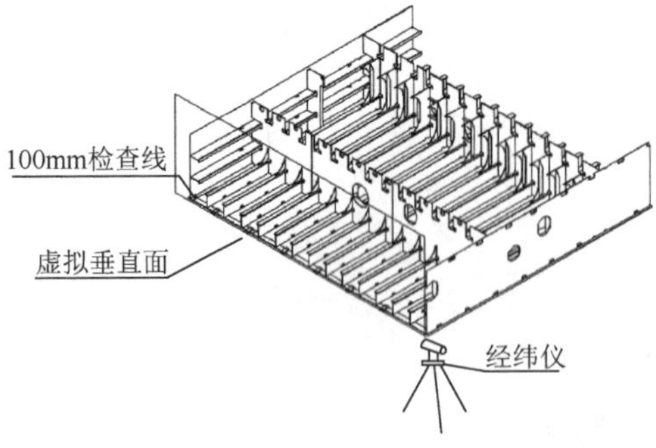

（c）测量人移动木杆找点

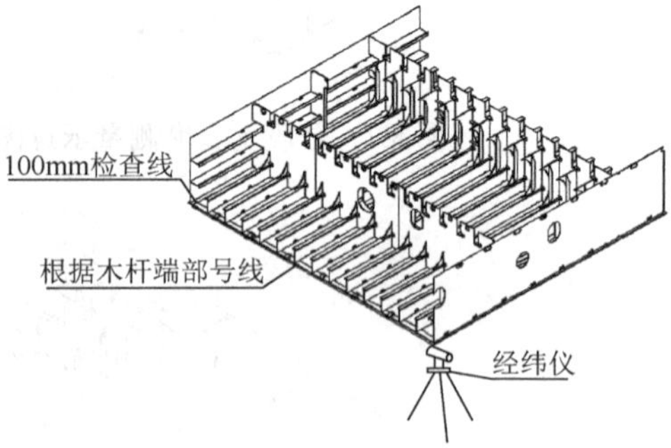

（d）划线人员用样杆或粉线号线

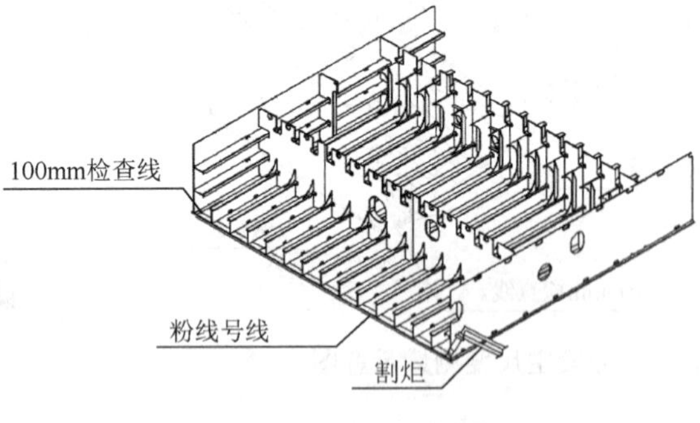

（e）气割工按线切割

图 5.7　分段同面度测量示意图

（5）平整度。对于船体甲板、外板、双层底板和上层建筑围壁等需要检测结构装焊后的平整度，通常采用铝合金靠尺进行检测，如图 5.8 所示。

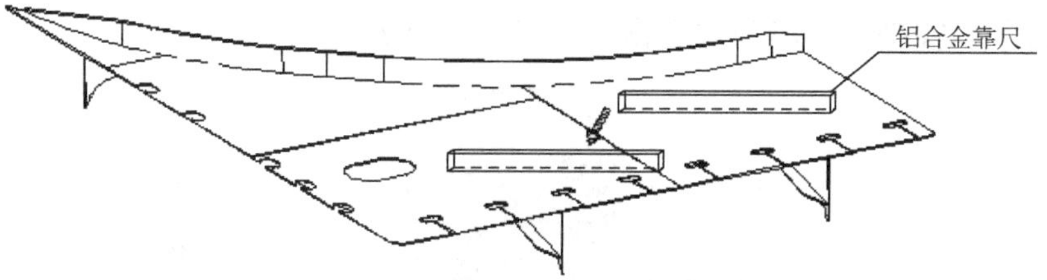

图 5.8　平整度检测

水平仪与经纬仪都属于传统测量设备，如图 5.9 和图 5.10 所示。水平仪的作用与经纬仪目镜在水平呈 0° 时的作用一致。经纬仪或水准仪具有水平测量功能，它们可用于代替水平软管测量胎面水平，并主要用于对分段上端口同面度的测量。

经过以上检测，使用传统方法对分段尺度的测量全面完成。

图 5.9　水平仪

图 5.10　经纬仪

5.2　三维测量系统

5.2.1　经纬仪测量系统

经纬仪测量系统是一种光学测量系统，它被用于测量距离某一点的水平和垂直角度，经纬仪的结构如图 5.11 所示。因此，单个的经纬仪是二维的精度测量设备，在造船中的应用主要是建立定位基准，如直线或平面垂直面，不能对分段的整体状态加以控制，分段整体数据需人工进行分析。

图 5.11　经纬仪的结构

另外，平面精度检测使用的水平仪也属于二维传统仪器设备，如图 5.12 所示。水平仪有数字水平仪和机械式水平仪两类。数字水平仪的优点在于可以利用标尺进行测距，而机械式水平仪则没有测距功能。

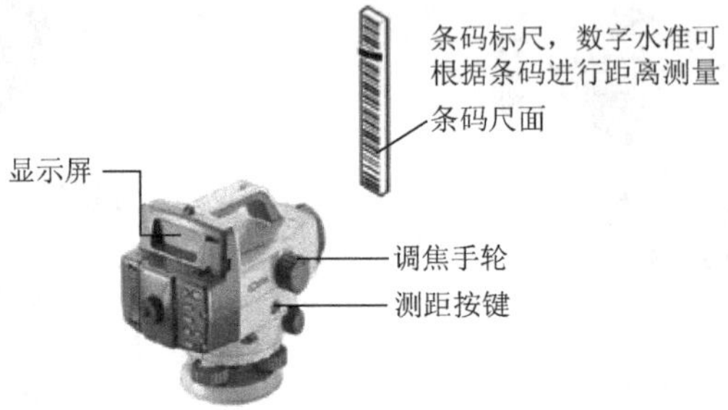

图 5.12　水平仪的结构

经纬仪三维坐标测量系统通常是由两台经纬仪组成的直角坐标系统进行采样，然后进行数据处理。系统由两台经纬仪、标定尺、少量附件以及数据和数据处理软件构成，采用前方交会模式测量仪器至目标的距离、仪器相对目标的水平角和垂直角，之后立即进行三角测量以计算目标点的三维坐标，进而计算目标的三维坐标和有关目标间的几何量。

优点：如果经纬仪上配备了能够在交叉点上进行点投射的激光束，就不用在目标物上人工设置靶点；与其他坐标测量系统相比，经纬仪系统的成本较低。

缺点：系统建立时间长，使用不同的经纬仪测量目标时，需要2～3名操作人员；测量速度低。

5.2.2 全站仪测量系统

全站仪：全称为全站型电子速测仪，是集光、机、电为一体的测量仪器，测量精度可以达到200m之内误差3mm。它由电子测角、电子测距、电子计算和数据存储系统等组成，能够方便快捷地进行高精度的距离（倾斜距离、水平距离、高差）测量和角度（水平角、竖直角）测量工作。它的出现极大地促进了测量技术自动化和一体化发展。它的坐标测量原理也最为简单，为空间极（球）坐标测量的原理[1]，如图5.13所示。

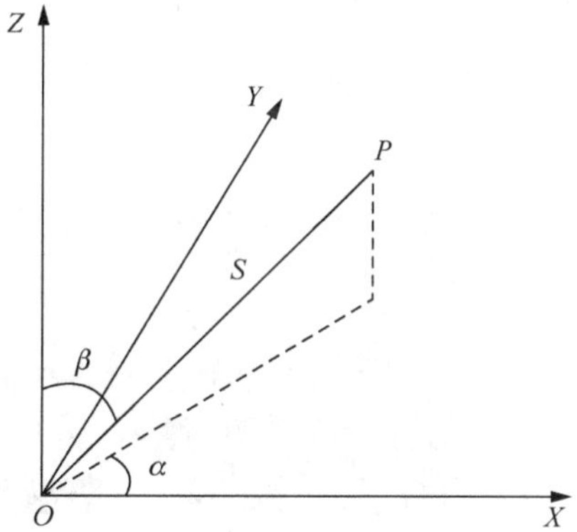

图5.13 全站仪测量系统测量原理

全站仪测量系统的工作原理主要是红外测距和度盘测角，实测斜距、水平方向角、垂直角分别为 S、α、β。全站仪主要采用极坐标系或球坐标系，点 O 为仪器中心位置，点 P 为测量目标，全站仪通过发射红外线或激光，随后接收通过设

置在点 P 的反射片而折返的光波，计算其中的时间差或是相位差，从而通过光速 c 计算出距离 S。测量通过点 P 且与 XY 平面相互垂直的平面与 X 轴的夹角 α，以及全站仪与点 P 的连线与竖直 Z 轴的夹角 β（也称天顶距），得到 S、α、β 三个参数即可唯一确定 P 的三维坐标 (x_P, y_P, z_P)，如公式（5.1）所示。根据测量物所处的几何位置和工作区域的不同，使用工业全站仪能够获得 0.1mm（0.004″）到 1.0mm（0.039″）的准确度。

$$\begin{cases} x_P = S\sin\beta\cos\alpha \\ y_P = S\sin\beta\sin\alpha \\ z_P = S\cos\beta \end{cases} \tag{5.1}$$

世界主要测绘仪器生产商推出了各具特色、有着“测量机器人”美誉的新一代高性能全站仪，如瑞士 Leica 公司的全站仪、日本 SOKKIA 公司的索佳全站仪（图 5.14）等。从测角精度来分，有 0.5″、1″、2″、5″的全站仪；从测距的方式来分，可分为红外测距普通全站仪（需要反射目标，不可见红外光测距）和采用激光测距的激光全站仪（不需要反射目标，可见红色激光测距）。

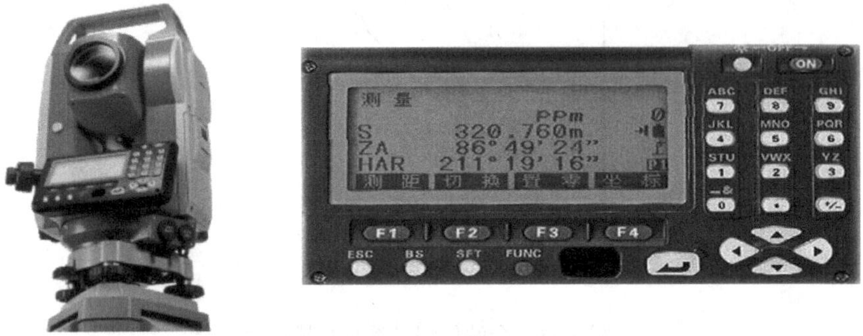

图 5.14　索佳全站仪

全站仪测量系统是由一台高精度的全站仪和相应的附件、计算机及配套软件构成的单台仪器三维坐标测量系统。船厂一般采用红外测距全站仪，测量配件的反射载体都是反射贴片，即标靶。因为测量环境的复杂多变，要达到精确测量，反射片标靶的形式很多，如图 5.15 所示。图 5.16 为使用全站仪进行三维数据测量的实景图。

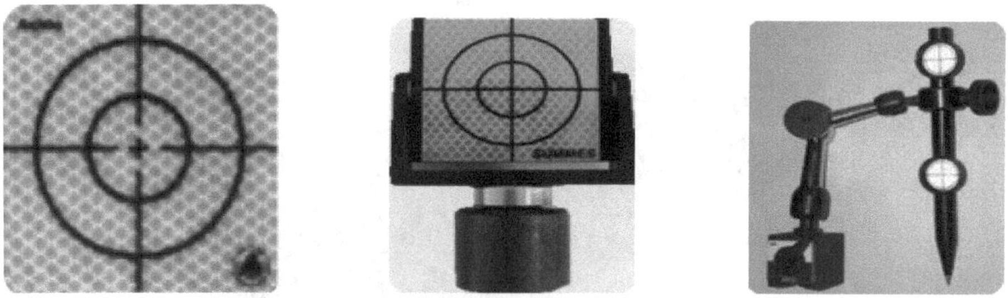

（a）测量标靶　　（b）移动用标靶　　（c）两点用标靶

图 5.15　全站仪测量用的各种标靶

图 5.16　使用全站仪进行三维数据测量的实景图

测量标靶：在分段测量中最常用的一种标靶。

移动用标靶：在全站仪移动搬站时使用的标靶。

两点用标靶：有 100～100mm、150～150mm 两种。

由于船体为大尺寸构件，实际操作中难以在某一测站观测到所有目标点，需进行迁站工作，将全站仪搬至另一位置后，要进行测站坐标系的连接，实现不同测站的实测坐标转化至同一测站坐标系下。图 5.17 为全站仪的移站操作。使用移动用标靶，移动全站仪，对分段的设定管理点进行整体的精度测量，检验实际分段与设计模型尺寸是否相符，保证分段完工精度。

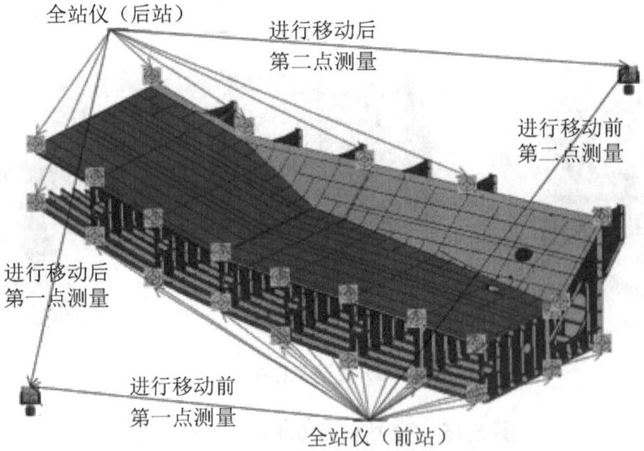

图 5.17　全站仪的移站操作

为了使测量数据便于整理分析，要求移动仪器后，进行坐标变换，让后测点与前测点在同一个三维坐标系内。这个坐标变换过程可以通过测量系统中的两点移动功能来实现。

在两点式移动完成后，可继续对对象分段进行测量，测量数据在原三维坐标系内，极大地方便了之后对精度数据的分析。

表 5.1 总结了目前船厂的主要测量工具。

表 5.1　主要测量工具

序号	图片	名称	主要用途	备注
1		水平仪	对分段的水平进行测量	—

续表

序号	图片	名称	主要用途	备注
2		经纬仪	进行直线和直角施工； 对分段直线度、角度、垂直度进行测量	—
3	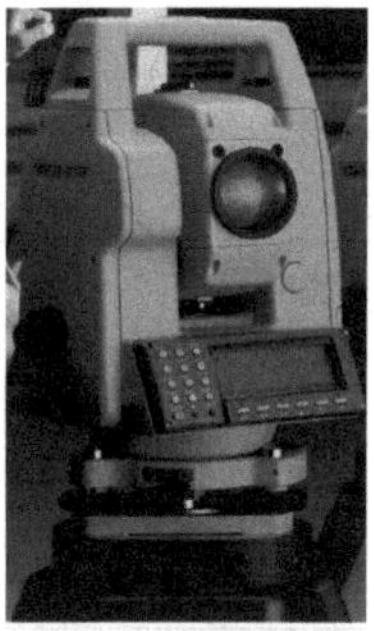	全站仪	空间目标三维测量设备； 空间定位	—
4	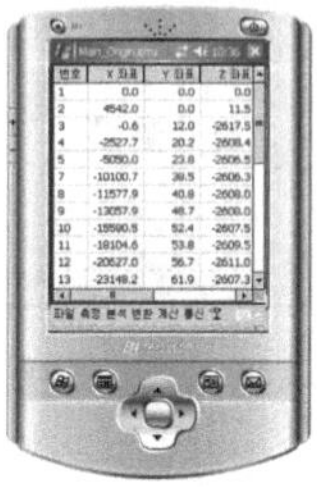	PDA	配合全站仪进行测量； 数据存储； 三维数据分析	—
5		反射片	全站仪测量点反射	—

续表

序号	图片	名称	主要用途	备注
6		隐蔽杆	为隐蔽点提供测量的设备	—
7	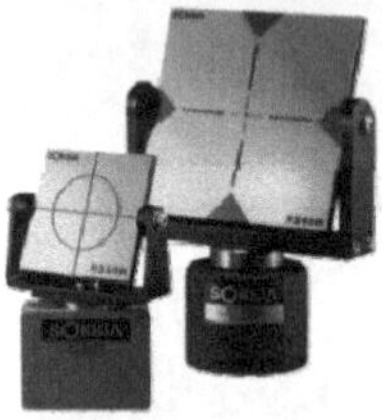	旋转标靶	为全站仪旋转提供基准	—
8		50m 尺	尺寸测量	—
9		5m 尺	尺寸测量	—
10	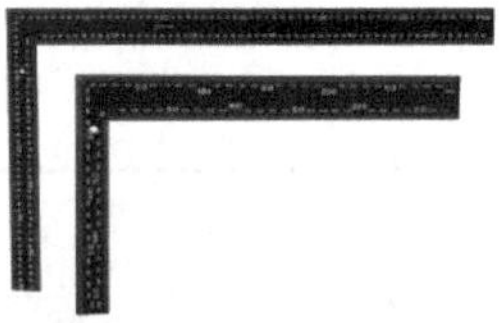	拐尺	垂直度测量	—
11	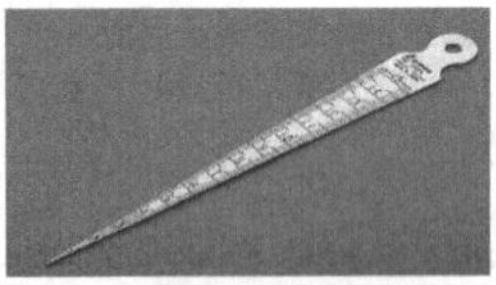	测缝尺	板缝测量	—

续表

序号	图片	名称	主要用途	备注
12		铅锤	垂直度测量	—
13		电子角度尺	角度测量	—
14		机械角度尺	部件装配角度控制	自制
15	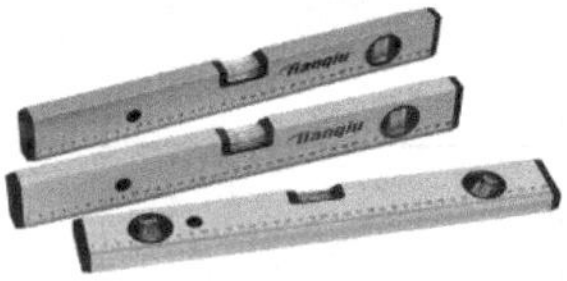	水平尺	水平度测量	—
16		计算器	数据计算	—
17		磁铁	压尺使用	自制

续表

序号	图片	名称	主要用途	备注
18		对讲机	测量时沟通	—
19		测温仪	对分段的温度进行测量	温度对尺寸的变化影响
20		样冲	敲点	涂装后基准线二次划线
21	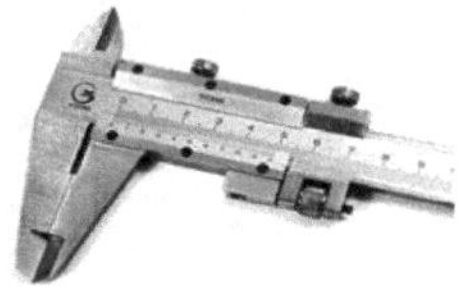	游标卡尺	板厚测量	—
22	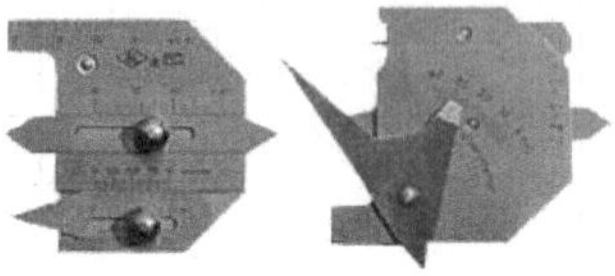	焊高尺	测量焊缝的高度	—
23		手电	照明	—
24		墨斗	划线	—

5.2.3 摄影测量仪系统

摄影测量仪系统利用照片（或数字图像）进行测量。造船业使用的两种典型的摄影测量技术分别为交会摄影测量和立体摄影测量[2]。

优点：与传统的测量技术相比，摄影测量仪系统测量精度高、操作方便；测量过程不需与物体发生任何接触；不受温度变化和振动的影响。

缺点：由于需要时间处理照片，该方法速度不快；空间狭小时设备安装困难。

1. 交会摄影测量

在交会摄影测量技术中，必须在目标物的表面设置反射靶点，之后使用专门的相机从多个地点、多个角度对这些靶点进行拍摄。从 2-D 照片中通过光学三角测量决定 3-D 坐标数据。

目前提供数字摄影测量仪系统的领先企业是 Geodetic 服务有限公司（GSI 公司）。GSI-STARS 系统包括摄影测量照相机、闪光灯、笔记本计算机和专有软件。整个系统速度快，便于携带，测量数据准确无误，并具有防振功能。

图 5.18 展示的是瑞士 Leica 公司和美国 GSI 公司联合推出的工业摄影测量系统——V-STARS 系统。该系统主要用于对静态物体的高精度三维坐标测量，测量时只需要手持相机，与被测物体保持一定距离从多个位置和角度拍摄一定数量的数字相片，然后用计算机软件对拍摄的照片进行自动处理，如标志点图像中心自动定位、自动匹配、自动拼接和自动平差计算等，得到特征标志点的 *X*、*Y*、*Z* 坐标。由于 V-STARS 系统包含计算机和专有软件，包括测量和数据处理在内的全部摄影测量工作都能够当场完成。这是 V-STARS 系统的一个显著优势。

根据 GSI 公司的介绍，单相机 V-STARS 系统能够达到近似 1∶120000 的准确度（在 10m 的目标物体上能够达到 0.08mm 的准确度）。双相机 V-STARS/M 系统能够达到近似 1∶60000 的准确度（在 10m 的目标物体上能够达到 0.17mm 的准确度）。

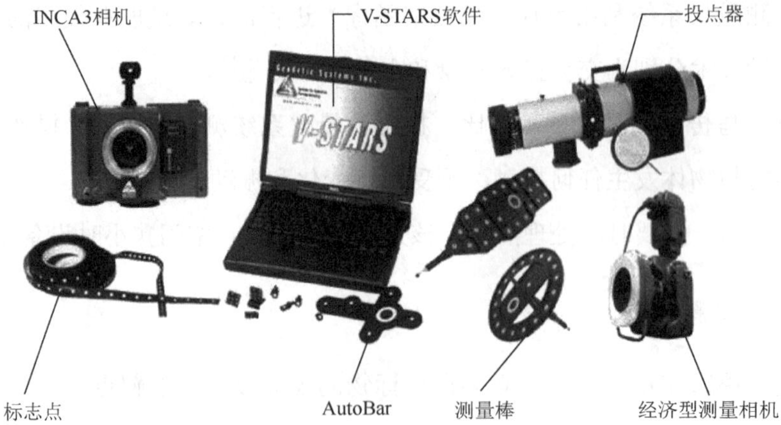

图 5.18　V-STARS 系统

下面的例子是美国诺思罗普-格鲁曼造船厂利用 GSI V-STARS/M8 实时摄影测量系统进行的工厂环境应用测试情况[3]，主要试验了船厂板架生产线中加筋板的焊接过程，采用实时摄影测量系统测量板的变形。图 5.19 给出了典型的设置，建立了实时摄影测量系统的测试环境，图 5.20 为测量目标。在加强筋被焊接到钢板的过程中，该系统同时测量无数个点的变形数据，设置为每隔 60s 自动捕捉数据，数据结果非常好。

2. 立体摄影测量

立体摄影测量只使用两个相机位置，相机轴平行。立体摄影测量的原理与普通的立体视觉原理相似。当观察者用双眼观察目标时，可以从三个维度判断目标的位置，这是因为每只眼睛的观察位置不同，目标在每只眼睛中显示的图像也不同。大脑对观察者双眼看到的图像进行处理，判断目标的三维坐标。在立体摄像技术中，形成重叠图像的两张立体像对是非常容易测量的。使用分析编辑器将立体像对展现在观察者眼前，观察者就能够感知一个三维图像或立体模型。分析编辑器安装了一个测标，操作者能够自由地旋转测标来测量任何一个兴趣点。

图 5.19　GSI V-STARS/M8 实时摄影测量系统在船厂的应用[3]

图 5.20　实时摄影测量时的目标设置[3]

准确度：一般情况下，数字摄影测量能够达到 0.003～0.005in（1in=2.54cm）的准确度。不过准确度会受到各种因素的影响，如相机与目标物之间的距离、照片的清晰度以及操作者的技术水平。

5.2.4 激光跟踪测量系统

激光跟踪测量系统（laser tracker system）由激光跟踪头（跟踪仪）、控制器、用户计算机、反射器（靶镜）及测量附件等组成。系统从激光源中向移动镜发出激光束。通过分光镜时，光束被分成两股：一束用作参考；另一束光被远处的移动镜或反射器反射回来，与参考光束重合，发生干涉。利用这个干涉数据测出相对距离。简单地说，激光跟踪测量系统所要解决的问题是静态或动态地跟踪一个在空间中运动的点，同时确定目标点的空间坐标。激光跟踪仪既可以测量移动的目标物，也可以用来测量静止的目标物。

使用激光跟踪仪测量目标物的主要尺寸时（限于 1～90ft，1ft=0.3048m，即限于 0.3～27m），能够达到 1∶1000000 的准确度。虽然激光跟踪仪系统的准确度依赖于使用的配置和测量条件，但是正常情况下，对于 20ft（约 6m）的物体，单束跟踪仪能够达到 0.001in（0.0254mm）的准确度。通常激光跟踪仪系统的准确度高于以电子经纬仪为基础的系统，并且具有与实时坐标测量相同的优点。

图 5.21 是各公司生产的激光跟踪仪。SMART310 是 Leica 公司在 1990 年生产的第一台激光跟踪仪，1993 年 Leica 公司又推出了 SMART310 的第二代产品，其后，Leica 公司还推出了 LT/LTD 系列的激光跟踪仪，以满足不同的工业生产需要。LTD 系列的激光跟踪仪采用了 Leica 公司专利的绝对测距仪，测量速度快，精度高。2005 年以后，随着激光跟踪仪技术的发展，国外其他公司也推出了多种型号的激光跟踪仪产品，如美国 FARO 公司和 API 公司等。

（a）Leica 激光跟踪仪　　（b）FARO 激光跟踪仪　　（c）API T3 激光跟踪仪

图 5.21　各公司生产的激光跟踪仪

5.3　造船精度测量软件系统

随着全站仪等数字化测量设备的应用，造船测量过程也出现了专门的测量软件，实现为精度控制提供坐标数据采集及辅助计算与分析的功能，达到提高造船质量与效率的目的。下面简要介绍国内船厂广泛使用的两种用于精度测量的软件系统。

5.3.1　DACS

青岛海徕天创科技有限公司开发出了国内第一套造船精度控制系统——尺寸与精度控制系统（dimensional & accuracy control system，DACS）。软件由四部分构成，即分段测量及现场分析软件——DACS-PDA、三维分段精度管理软件——DACS-OFFICE、三维搭载模拟软件——DACS-SIMULATION、船台实时测量软件——DACS-ERECTION，这四部分软件是与全站仪及专用附件相配套的。

DACS 软件分段精度控制的基本原理[4]：实测点和设计点之间进行比较，进行各种几何量检查以及三维精度分析。DACS 软件分段精度控制操作流程：首先，使用 DACS-OFFICE 软件打开分段设计图形 dxf 文件，用鼠标选取需要测量的设计点，并在设计图上标注，设计点的坐标是自动读取设计图上对应点的坐标数据，以便后期与现场分段实测数据比较；其次，根据标注的设计点，到现场使用DACS-PDA版对相应的分段实际点进行测量(也可现场在PDA上进行几何量计算、精度分析)；最后，回到办公室将数据导出到DACS-OFFICE版，即可进行三维精度分析等一系列工作，最终生成精度控制报表，可以多种格式存档或直接打印。

DACS 系统软件可以读取大型设计软件 Tribon、CADDS5 等设计模型数据，数据测量简单快捷，软件操作符合造船业操作习惯。数据测量时采用造船用的Leica全站仪，可以测量 200～500m 的物体表面，测角精度最高能到 0.5s，测距精度最高达到 1mm＋1ppm（ppm 为比例误差，表示每公里 1mm 的误差），全部自动显示和记录，非接触式测量，测量人员更轻松、更安全。

三维分段精度管理软件可以自动化进行分段的精度控制和分析，形成精度检查表等。船体三维模拟搭载软件可以将各分段在电脑里进行模拟搭载。在船体上船坞或船台之前，先在计算机里进行模拟搭载，确保船体能够一次搭载，避免坞期时间过长以及返工。整套系统全中文化操作，自动化程度高，非常容易上手。目前，该系统已经在广船国际、青岛北海重工、欧华造船等多家单位应用。

5.3.2 Eco-System

Eco-System 是由韩国 SAMIN 公司研发的专业造船精度控制系统[5, 6]，该系统通过与全站仪连接，在生产过程中测量分段的三维坐标，通过测量和比对确定实物分段与设计分段的尺寸偏差，控制、预防可能出现的各种变形和扭曲；对于完工后的分段，在总组、搭载之前可以在电脑里进行模拟分析，提前分段切修，实现总组、搭载的一次性定位。

图 5.22 是 Eco-System 的管理过程[5]。首先把由 Tribon 生成的 dxf 文件导入 BLOCK 软件，形成设计文件，生成管理点，将生成的管理点文件导入 PDA；然

后进行现场测量（图 5.23），分段测量时应充分考虑测量角度、场地等因素所造成的测量不便。在分段管理点处粘贴标靶，标靶粘贴过程是现场测量最重要环节。测量后的分段数据导入软件系统中，如图5.24所示，连接管理点和测量点（图5.25），将数据连接，形成公差数据。对分段数据进行具体分析，查清超差原因，为模拟调整分段做好准备工作。对管理点及测量点数据和公差生成对照表，清楚分析超差问题，输出 Excel 数据对照表（图 5.26）。

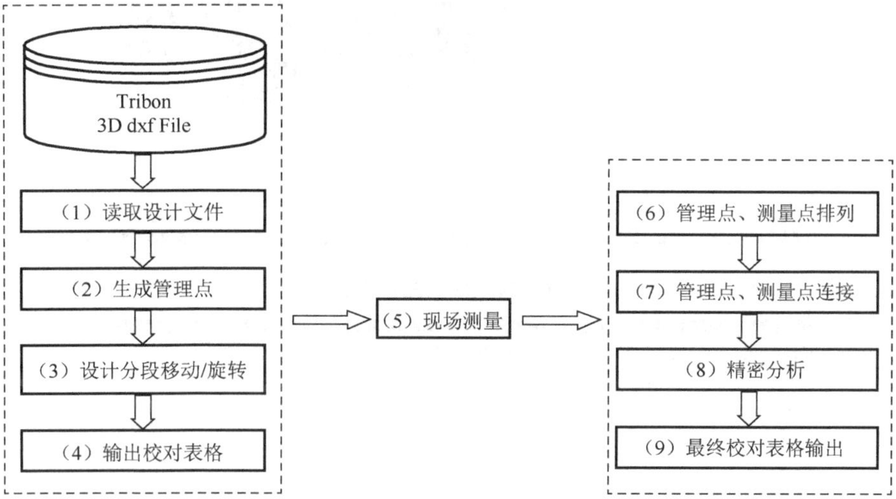

图 5.22　Eco-System 的管理过程

图 5.23　分段焊后测量

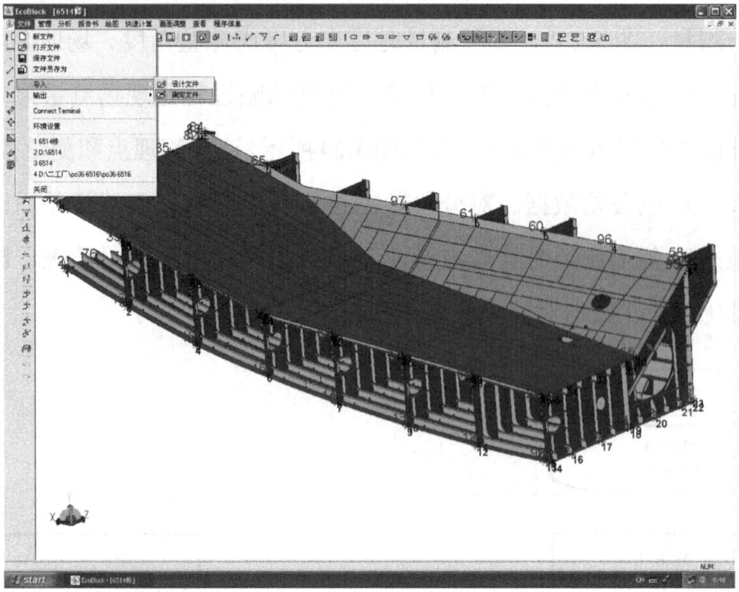

图 5.24　导入测量文件

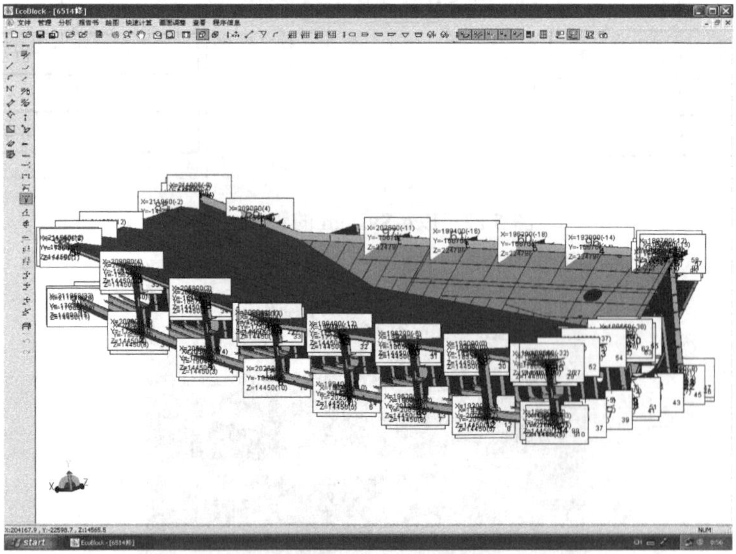

图 5.25　管理点与测量点连接生成公差数据

CHECK SHEET DATA

船号	PC11-36
分段名	6514
测量日期	08.8.15

No.	设计坐标			测量坐标			偏差			备注
	X	Y	Z	X	Y	Z	X	Y	Z	
1~1	211810	-17082.9	14450	211838.2	-17055.4	14460.7	28	-28	11	
2~78	211950	-17034.5	14599.9	211983.4	-17012.9	14614.8	33	-22	15	
3~2	208999	-18096.3	14450	208999.1	-18093.5	14457.8	0.1	-3	7.8	
4~4	205800	-19044.3	14450	205786.4	-19042	14452.9	-14	-2	2.9	
6~7	199400	-20252.4	14450	199390.3	-20255.9	14454.8	-10	3.5	4.8	
7~9	196200	-20633.3	14450	196197.7	-20656.2	14456	-2	23	6	
8~12	193000	-20899.5	14450	192999.9	-20927.9	14455.5	-0	28	5.5	
9~13	189800	-21000	14450	189800.4	-21021	14456.9	0.4	21	6.9	
10~14	189550	-21000	14450	189546.5	-21025.5	14456.1	-4	26	6.1	
12~11	193000	-20749.5	14450	192998.5	-20776.9	14459.4	-2	27	9.4	
13~10	196200	-20483.3	14450	196192.7	-20506.4	14460.5	-7	23	11	
14~8	199400	-20102.4	14450	199391.6	-20107.5	14461.1	-8	5.1	11	
15~6	202600	-19596.8	14450	202591.1	-19598.2	14460.3	-9	1.4	10	
16~5	205800	-18894.3	14450	205791.2	-18894.8	14458.7	-9	0.5	8.7	
17~3	209000	-17946.3	14450	208992.6	-17942.7	14458.1	-7	-4	8.1	
18~57	211806	-14642.7	14450	211811.6	-14648.9	14450.8	5.6	6.2	0.8	
19~54	209000	-15477	14450	209004.2	-15478.4	14448.4	4.2	1.4	-2	
20~49	205800	-16428.4	14450	205803.5	-16429.7	14450.3	3.5	1.3	0.3	
21~45	202600	-17358.6	14450	202603.8	-17362.8	14451.3	3.8	4.2	1.3	
22~46	202844	-17307.3	14450	202842.9	-17303.1	14445.5	-1	-4	-5	
23~43	199400	-17633.6	14450	199387.9	-17641.8	14446.2	-12	8.2	-4	
24~41	196200	-17908.6	14450	196194.3	-17935.7	14443.1	-6	27	-7	
25~39	193000	-18183.6	14450	193000.2	-18214.6	14444.5	0.2	31	-6	
26~36	189800	-18458.6	14450	189800.5	-18484.7	14439.3	0.5	26	-11	
27~35	189550	-18480.1	14600	189518.3	-18505.3	14590.6	-32	25	-9	
29~37	189800	-18608.6	14450	189794.7	-18632.4	14446.7	-5	24	-3	
30~38	193000	-18333.6	14450	193000.2	-18366.7	14445.6	0.2	33	-4	
31~40	196200	-18058.6	14450	196195.6	-18084.3	14449.6	-4	26	-0	
32~42	199400	-17783.6	14450	199389.8	-17792.5	14455	-10	8.9	5	
33~44	202600	-17508.6	14450	202604.5	-17514.5	14464.5	4.5	5.9	15	
34~48	205800	-16578.4	14450	205808	-16579.7	14451.8	8	1.3	1.8	
35~55	209000	-15627	14450	209008.6	-15629.7	14457.5	8.6	2.7	7.5	
37~16	189550	-21000	15587.9	189544.3	-21018.8	15589.8	-6	19	1.9	
39~17	189550	-21000	17188	189545.2	-21011.9	17197.2	-5	12	9.2	
41~18	189550	-21000	18800	189547.5	-21002.9	18808.5	-3	2.9	8.5	
43~20	189550	-21000	20183.9	189546	-20999.5	20193.5	-4	-1	9.6	

设计坐标 / 测量坐标 / 设计-测量 偏差

图 5.26　精度数据分析对照表

国内一些骨干船厂引进了该系统。Eco-System 主要由三部分组成：EcoMES、EcoBLOCK、EcoOTS。

EcoMES 是基于 PDA 的软件。它可以和现场使用的测量仪器（全站仪）进行连接，将测量所得的现场实物分段的数据与设计数据进行对比，同时软件还提供了分段测定、分析、附加计算等功能，以便对分段的变形进行分析。

EcoBLOCK 以 Tribon、CADDS、AutoCAD 等造船三维 CAD 系统为基础，读取三维 CAD 设计的模型，将分段实际数据与设计模型进行对比，从而得出变形分析结果，并自动生成校验表格。

EcoOTS 是三维模拟搭载软件，它可以对分段搭载过程中可能出现的构件干涉、端差不良等问题进行提前预测并处理，以此实现一次性定位。在功能上，

EcoOTS 有如下优点：①通过多种旋转、移动功能，精确分析搭接状态；②快速分析分段间的重叠、端差；③自动计算分段搭载时的切割量；④自动生成搭接预测结果报告书。

目前，各船厂使用的与精度测量有关的软件如表 5.2 所示。

表 5.2　精度测量时用到的软件

序号	软件名称	主要用途
1	Office 办公软件	数据整理和问题报告生成
2	AutoCAD	基本图形制作
3	Tribon	设计模型及尺寸数据查询
4	EcoMES（PDA）	全站仪测量分析
5	EcoBLOCK	分段三维数据分析
6	EcoOTS	分段总组模拟搭载

总之，船体分段的精度控制是船体精度控制的基础，为采集到精确的数据信息，现在造船业已出现了各种三维精度控制系统，如上面所介绍的 DACS、Eco-System 等。这种系统具有现代数字化的造船精度控制设备和软件，适用于现场作业的各种环境，同时具备操作方便、高精度等优点，已逐步在实际建造中广泛应用，为无余量造船的实现提供了巨大的推动力。当然，这些系统也存在的一定的漏洞和局限性，需要进一步修正和完善，从而更好地服务于造船行业。

5.4　小　　结

目前，船体建造精度测量的发展体现在以下几个方面：首先是分段建造测量模式的数字化，配合现代化的造船软件以及先进的船体建造数据处理方法，构成有效的契合，实现了数据库的高效管理；其次，分段建造完成后，精度控制小组进行数字化测量，数据结果不需要人工计算，由测量软件进行数据处理后与设计数据进行直接的对比分析，计算效率高，不容易出现错误，提高了工作效率；最后，在进行船体搭载时，根据分段数据的比对结果可以进行搭载模拟。搭载时在船台周围建立基准点，使用全站仪对分段进行全船坐标系的三维定位，替代传统中心线、肋骨线以及高度标杆，真正实现数字化造船。现在，骨干船厂已经可以做到分段无余量搭载，缩短了对吊车的占用时间和船台周期。

在精度测量设备应用方面，国内船厂普遍处于全站仪测量系统的普及应用阶段，还没有进行其他更高级的测量设备及系统的应用，如激光跟踪仪测量系统、摄影测量系统。应用全站仪测量系统时主要针对一些关键的管理点进行控制测量，还没有涉及组立或搭载时分段变形的实时控制。

参 考 文 献

[1] 王永明，李明峰, 朱振宇, 等. 基于全站仪的造船精度控制测量算法研究[J]. 矿山测量, 2010（2）: 72-75.

[2] 岳建平, 魏叶青, 张永超. 船舶建造工业测量系统[M]. 北京：科学出版社，2011.

[3] Hankins S H. Hull fairness and accuracy control phase II final report[R]. Northrop Grumman, 2010.

[4] 王勇. 船体建造精度测量 DACS 系统探析[J]. 南通航运职业技术学院学报，2010，9（3）: 32-34.

[5] SAMIN 信息株式会社. EcoMES 用户指南，2007.

[6] SAMIN 信息株式会社. EcoOTS 用户指南，2007.

6 造船精度控制中的质量管理

精度控制是造船技术中一门综合性技术，它不仅涉及造船工艺技术，而且是一项生产过程的管理技术。从造船生产角度看，精度控制技术是一门贯穿船舶建造全过程的质量管理技术。精度控制是对整艘船设定精度目标，并层层分解落实到各造船工序。

本章描写质量管理的概念和发展史，阐述戴明循环（即 PDCA 循环）及企业实现质量管理时的一般措施，然后重点介绍七种质量管理工具：检查表、分层法、散布图、直方图、排列图、控制图、因果图。

6.1 质量及质量保证的发展史

从管理学角度来看，造船精度控制属于质量保证的范畴。在此，简单回顾一下质量保证这个工程用语的由来和意义。

首先，质量有以下两种权威的定义。国际标准化组织（ISO）2005 年颁布的《质量管理体系基础和术语》（ISO 9000—2005）对质量所下的定义是：一组固有特性满足要求的程度。《质量管理和质量保证术语》（ISO 8402—1994）对质量所下的定义是：质量是反映实体（产品、过程或活动等）满足明确和隐含需要的能力的特性总和。明确需要：在标准、规范、图样、技术要求和其他文件中已经做出规定的需要。隐含需要：①顾客和社会对实体的期望；②人们公认的、不言而喻的、不必明确的需要。

从以上有关质量的代表性定义中可以得知，必须同等考虑质量的供给和需求，供给和需求达到均衡就形成了现实的和可实现的质量。

所谓质量保证（quality assurance，QA)，各国对其定义有些差异。在我国，质量保证指为使人们确信某一产品、过程或服务的质量所必需的全部有计划有组织的活动。显然，质量保证一般适用于有合同的场合，其主要目的是使用户确信产品或服务能满足规定的质量要求。如果给定的质量要求不能完全反映用户的需要，则质量保证也不可能完善。

日本的质量管理专家石川馨指出：“质量管理就是要最经济、最有效地开发、设计、生产、销售顾客最满意的产品和服务。为此，必须依靠全公司的综合力量，即进行全公司的质量管理。”[1]

仔细比较一下这些定义，可以看出重要的指导思想有下述两点：

（1）制造者在生产上的基本概念是为了制造质量好的产品，能够满足客户需要。

（2）质量保证是有计划、有组织的管理活动。

20 世纪，人类跨入了以“加工机械化、经营规模化、资本垄断化”为特征的工业化时代。在过去的整整一个世纪中，质量管理的发展，大致经历了以下三个阶段[2,3]。

1. 质量检验阶段

20 世纪前，产品质量主要依靠操作者本人的技艺水平和经验来保证，工人既是操作者也是质量检验管理者，这个阶段属于“操作者的质量管理”阶段。质量检验阶段是指从 20 世纪初到 30 年代末，人们对质量管理的理解还只限于质量的检验。质量检验所使用的手段是各种检测设备和仪表，方式是严格把关，进行百分之百的检验。随着生产的进行，计划设计、生产操作、检查监督各有专人负责，从而产生了一支专职检查队伍，形成了一个专职的检查部门，这样，质量检验机构就被独立出来了。起初，人们非常强调工长在保证质量方面的作用，将质量管理的责任由操作者转移到工长，故被人称为“工长的质量管理”。后来，这一职能又由工长转移到专职检验人员，由专职检验部门实施质量检验，被称为“检验员的质量管理”。

质量检验是在成品中挑出废品，以保证出厂产品质量。但这种事后检验把关，无法在生产过程中起到预防、控制的作用。废品已成事实，很难补救。且百分之百的检验，增加了检验费用。如果生产规模进一步扩大，在大批量生产的情况下，其弊端就突显出来。一些著名统计学家和质量管理专家注意到了质量检验的问题，尝试运用数理统计学的原理来解决，使质量检验既经济又准确。1924 年，美国的休哈特提出了控制和预防缺陷的概念，并成功地创造了“控制图”，把数理统计方法引入质量管理中，使质量管理推进到新阶段。

2. 统计质量控制阶段

这一阶段的特征是数理统计方法与质量管理的结合。

第一次世界大战后期，美国为了适应军品的生产，采用休哈特的统计质量管理理论指导生产，并制定军用标准，后来休哈特又将数理统计的原理运用到质量管理中来。他认为质量管理不仅要搞事后检验，而且在发现有废品产生的先兆时就进行分析改进，从而预防废品的产生。控制图就是运用数理统计原理进行这种预防的工具。因此，控制图的出现，是质量管理从单纯事后检验转入检验加预防的标志，也是形成一门独立学科的开始。第一本正式出版的质量管理科学专著就是 1931 年休哈特的《工业产品质量经济控制》。

过程质量的统计控制阶段是指从 20 世纪 40 年代到 50 年代末。这个阶段的特点是人们已经认识到产品的生产过程对产品质量的影响作用，认识到过程也是有质量的，过程也应作为质量的载体，并将数理统计与过程质量管理结合，不但可以预防不合格产品的产生，而且也检验了产品质量。这一阶段由事后检验改为预测，预防质量问题的发生，并使用统计方法进行过程控制。

第二次世界大战结束后，美国许多企业扩大了生产规模，除原来生产军火的工厂继续推行质量管理的方法以外，许多民用工业也纷纷采用这一方法，美国以外的许多国家，如加拿大、法国、德国、意大利、墨西哥、日本也都陆续推行了统计质量管理，并取得了成效。但是，统计质量管理也存在着缺陷，它过分强调质量控制的统计方法，使人们误认为“质量管理就是统计方法”“质量管理是统计专家的事”，使多数人感到高不可攀、望而生畏。同时，它对质量的控制和管理只局限于制造和检验部门，忽视了其他部门的工作对质量的影响。

质量管理是对生产出的产品进行检查，从中挑出不合格的产品。而质量保证是以事先预防产生不合格产品为目的的，即根据检查得到质量管理的结果，发现了不合格产品，分析其原因并采取适当措施，为了防止重复同样的失败而进行标准化、基准化。通过检查能稳定地生产出合格产品，这就是质量保证的指导思想。

20 世纪 50 年代以来，科学技术和工业生产的发展促使人们运用“系统工程”的概念，把质量问题作为一个有机整体来加以综合分析研究，实施全员、全过程、全企业的管理。

3. 全面质量管理阶段

最早提出全面质量管理（total quality control，TQC）概念的是美国通用电气公司质量经理费根鲍姆（E. A. Feigenbaum）。20 世纪 60 年代以来，费根鲍姆的全面质量管理概念逐步被世界各国所接受，他提出：“全面质量管理是为了能够在最经济的水平上，考虑到充分满足用户要求的条件下进行市场研究、设计、生产和服务，把企业各部门的研制质量、维持质量和提高质量活动构成为一体的有效体系。”

我国自 1978 年推行全面质量管理以来，在实践上、理论上都有所发展，也有待于进一步探索、总结、提高。ISO 8402—1994 中对全面质量管理的定义是：“一个组织以质量为中心，以全员参与为基础，目的在于通过让顾客满意和本组织所有成员及社会受益而达到长期成功的管理途径。”所以，全员参与使企业的产品（服务）质量提高，达到顾客满意的目标。全面质量管理并未完全抛弃传统质量管理的精髓，而是在其基础上的继承性创新。全面质量管理的内涵决定了它的特点，可总结为“三全一多样”，即全员参与的质量管理、全过程的质量管理、全范围的质量管理以及管理方法的多样化。

（1）全员参与的质量管理。传统质量管理只是操作员或检验员进行的分散的、片段的控制和检验，全员质量管理的基本原理是对生产全过程的控制，而全过程的质量活动都是通过不同岗位的责任者实施和完成的，因此任何一个岗位的责任者对产品质量都有直接或间接的影响。

（2）全过程的质量管理。任何产品的产生、形成和实现都有一个过程，即质量环。因此，要保证产品质量，必须把产品质量形成的全过程、各环节以及有关因素都有效地控制起来，并形成一个综合的质量体系，而不是单纯的事后检验或者事前的控制。这样就把传统的质量管理转变成了一个质量管理循环系统，是对传统质量管理的升级。

（3）全范围的质量管理。全员和全过程的质量管理要求有全企业范围的组织协调，不然无法形成一个有机的系统和整体，也无法使全面质量管理发挥作用。因此，全面质量管理必须有上层、中层和基层共同参与的组织体系，并形成全企业的质量管理体系，而不是传统质量管理的检验部门单独管理。

（4）管理方法的多样化。质量管理是一门新兴的、多学科的边缘科学，全面质量管理更是集许多现代管理科学和工程技术为一体的先进科学管理体系，因此它不但吸收了传统质量管理的经验与方法，更借鉴了所有先进的管理思想和技术方法。其中最为重要的是系统工程思想和统计技术。

质量保证必须包含从制造到服务的全部活动，组织全员参加有机的管理系统。这里只叙述两个方面。

（1）PDCA 循环。为了提高效率，全面质量管理采用一套科学的、合乎认识论的办事程序，即 PDCA 循环法，又以全面质量管理的倡导者戴明博士的名字命名为戴明循环，如图 6.1 所示。计划（p1an）、执行（do）、检查（check）、处理（action）是循环衔接的，这个循环活动不停止，阶梯上升，它反映了质量管理必须遵循的 4 个阶段[3]。

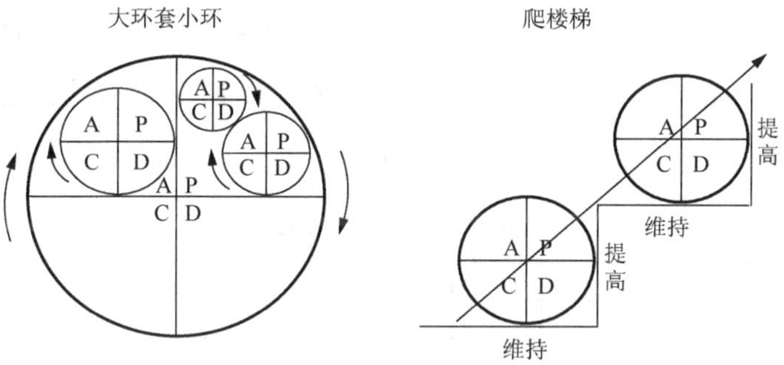

图 6.1 PDCA 循环示意图

P（plan）——计划：找出所存在的问题，分析问题产生的原因，并找出影响问题的主要因素，针对这些主要因素制定相应的对策措施。

D（do）——执行：按对策措施的要求予以实施。

C（check）——检查：检查对策措施的实施结果是否达到预期目标。

A（action）——处理：根据检查结果，采取必要的措施巩固已取得的成果，对未达到的预期目标进行进一步的改进。

由于多数问题都是由许多小问题所组成的，一般不可能通过一次 PDCA 循环就完全解决，必须进行多次循环。而完成一次 PDCA 循环就能解决一部分问题，质量水平就会上升到一个新的高度，如此通过不断地循环，就能一步步地达到较高的水平。在 PDCA 的四个阶段中，每一个阶段都可形成本身的小 PDCA 循环。

PDCA 循环方法适用于各设计部门内部的工作，对船厂的焊接生产车间等也一样。各部门的小循环相互连接，组成大循环的组织体系。比如，对于某船厂解决 80m^3/h 挖泥船船体拼板自动焊的拍片合格率不高的问题[4]，主攻目标是实现拍片一次合格率 100%，一级片达 80%，表面成形美观。根据 PDCA 循环的方法，其工作思路及工作过程如下。

P 阶段：

通过分析得出影响拍片合格率的因素——质量意识不强，包括设备调整不好，焊接过细、未干燥，电压不稳，焊缝及焊丝除污未净，操作者质量意识差等。这几项因素可通过调查表分析各自产生缺陷的频数，如表 6.1 所示。

表 6.1　焊接缺陷因素分析

因素	频数	累计数	累计频率/%
设备调整不好	18	18	43.9
焊接过细、未干燥	8	26	63.4
电压不稳	5	31	75.6
焊缝及焊丝除污未净	3	34	82.9
操作者质量意识差	3	37	90.2
其他	4	41	100
共计	41	—	—

通过以上分析，明确设备调整不好是造成焊接缺陷的主要原因，这里面实际上包括很多原因，包括未按规定的焊接工艺及规范进行焊接，未采用合适的引、息弧板等。为此，制定一套自动焊工艺规程，教育、督促施工人员严格按工艺施焊，对焊接材料进行严格管理，采用引、息弧板，保证电网电压稳定等。

D 阶段：

按照制定的作业对策指导书和焊接工艺规范文件对焊接过程进行严格管理，执行第一次焊接，并进行焊后检验，得出结论及对策。

焊后焊道仍然存在缺陷，主要是气孔和白斑，分析原因是焊剂烘烤时间不够、焊剂过细。对策：原焊缝刨掉重焊，焊剂经 300～400℃烘烤 2 小时；选用合适的焊接电流和电压，执行第二次焊接。

C 阶段：

针对第二次 PDCA 小循环所拟定的对策，第二次焊后焊道的缺陷消失，焊接过程平稳。焊缝外观质量良好，初步实现综合拍片合格率 100%，实现预订目标。

A 阶段：

将修订后的焊接规范文件纳入管理标准，并制定相应的监督检查办法，以巩固成效。同时，在以后的焊接管理中要注意人的因素，把问题解决在每一个生产环节中。

（2）“下一工序是消费者”[2]。所谓全员参加，是每个人都有目的、有意识地参加，是有责任的行动。并且，承担生产阶段某一工序的人，要十分认真地处理分给自己的工作，把可信赖的制作品交给下一工序。例如，作为船体建造的中间产品——分段的建造，由承担分段建造任务到承担分段总组过渡的情况就适用此概念。对前者来说，总组是消费者，是“客户”。

6.2 质量保证的一般措施

船体焊接质量的控制，单靠严格的检验是不够的，必须形成一个由自主管理、专职检验和专职质量管理统一起来的可靠的船体焊接质量保证体系，建立一个对施工现场的船体焊接质量起协调、控制和促进作用的科学管理流程，切实保证船体焊接质量的稳定和可靠。

6.2.1 质量方针

众所周知，船舶产品的质量已成为一个造船厂的企业水平的象征。质量方针是企业较长时期中经营活动和质量活动的指导原则及行动指南，是企业内每个部门、每个员工质量活动的根本准则，是指导企业前进的方向。因此，必须制订与企业宗旨相适应，承诺满足顾客要求、法律法规要求和持续改进质量管理体系有效性的质量方针。

企业对产品确立质量方针，其形式可以是“质量第一、信誉第一、用户第一”，也可以是“一流技术、一流产品、一流服务”，还有“精心设计、精细管理、精工建造、精诚服务、精益求精”。质量方针体现了企业总的质量宗旨和质量方向，体现了设计质量对企业整个产品建造过程的重要性。

当考虑保证基准时，例如，船舶的使用寿命是 20 年还是 15 年，这是具有决定意义的设计参数。为了达到百分百的质量保证，制造成本将会非常高，这对生产来说是不合算的，实际上也是行不通的。

6.2.2 标准化

标准化是所有生产活动提高效率的基础，与质量保证有极密切的关系。设计的标准化、制造程序的标准化等标准化活动，与质量保证原理不可分离；反过来，质量保证活动又与标准化的推进相关。在船厂，对于零件加工、部组件焊接、分段装焊、总段装焊、船台搭载等各工序，需要对各个工艺过程进行固化，即工艺过程的标准化，使得建造过程稳定可靠，船舶构件的建造质量处于统计学上的可控状态。

标准化作业的方法称为 5W1H 分析，它将业务程序、手续、方法等规定成文。图 6.2 所列出的六个问题，是问各作业要素怎么样，并分析这些工作内容。有不符合要求的地方就改善它，把较好的工作方法规范化。这样做的结果是能不遗漏地规定这些必要的事项，使之标准化。

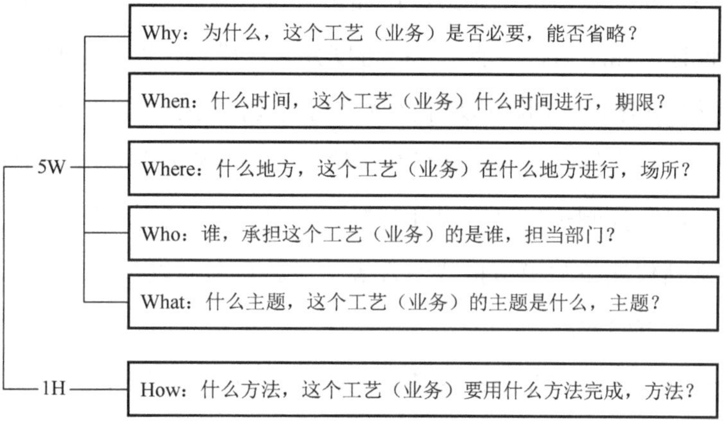

图 6.2　5W1H 分析

在第 1 章中已经提及影响产品质量波动的几个因素，称为 5M1E，即人、机器、材料、方法、测量方法和环境。这六个因素影响整个质量管理活动。因此，在标准化时，对设计部门来说，有各种设计和审查工作，设计结果要进行组织审查，把各项设计图纸和结果送给各审查部门，如船舶所入级的各船级社和法定检验机构，审查部门按照各种船舶规范进行审查，对设计的内容进行详细的图纸审查和性能校核，审查通过后还需要根据审图意见对设计图纸进行局部修改。对造船来说，设计完成的主要技术文件也需得到船东的认可。

现在，各种设计工作都广泛采用计算机，从初步设计到最后的生产设计，有从船舶结构建模开始的各种数值计算，有成本计算、工程管理、质量管理等。一切与质量管理有关的领域，都应用计算机以提高效率。

6.2.3 造船精度管理

精度管理是从原材料加工到最终产品出厂进行全程跟踪检查管理。精度管理的目的是要保证产品质量、性能、生产进度并降低成本，以使企业获得最大利润。我国从20世纪70年代初期就开始了船体建造精度控制技术的研究和实践，根据当时船型制定了一系列行业标准，直至今日的《中国造船质量标准》（GB/T 34000—2016）版本。精度控制也走过了尺寸公差与余量加放→补偿量的加放→全过程的精度控制→全站仪测量与模拟搭载结合等阶段。目前向以数据库和软件系统为基础的信息化管理方向发展。

什么是精度管理？它是指：为使实物模型与设计模型的尺寸尽可能一致，对实物模型进行管理的一切行为。如第 1 章所述，精度管理从广义上可以分为主动管理和被动管理。精度管理的目的就是通过不断改善作业方法，把误差控制在精度管理基准范围之内，在切割、小组、分段制作、总组和搭载过程中进行精度确认，以使总组、搭载作业最少化，容易组立作业为目标。

比如，钢板在加工过程中会发生热膨胀，随着温度的变化，屈服强度、弹性模量等均会发生变化，在焊接、切割、水火加工、矫形、冷弯等外力因素或热因素作用下，工件会发生各种变形，如横向收缩、纵向收缩、角变形、扭曲变形等。

精度控制不良会导致原材料（钢材、焊条等）浪费、重复劳动（二次切割焊接等）、二次定位频繁，降低吊车的有效利用率，延迟工期，使建造周期加长。图 6.3 是某厂精度管理的核心内容。目前船厂已形成一种模式，即船厂每年根据生产任务与产品特点制订精度控制计划。精度控制计划中包括基本方针、工作重点、各阶段的精度控制要点，以及控制的目标值、实际测量值、责任单位、工艺流程、基准线系统等内容。精度控制计划已纳入每个船厂正常的生产管理渠道。

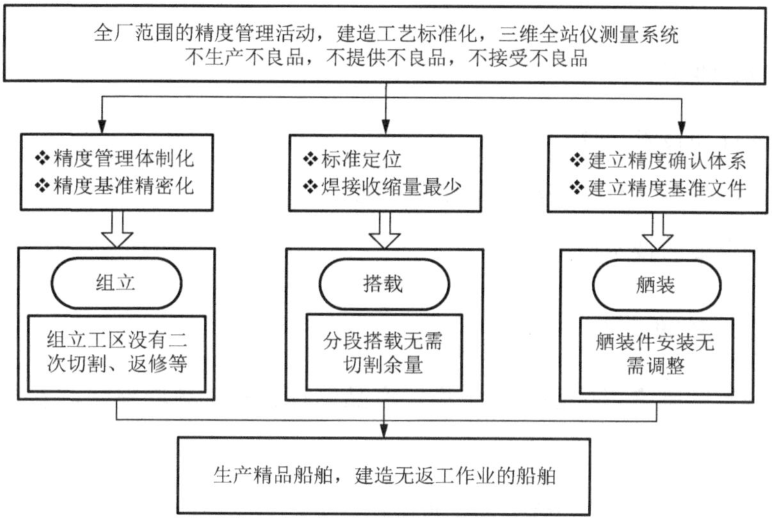

图 6.3　精度管理的核心内容

6.3　造船质量检验的实施

1. 检验管理模式

船舶质量检验通常实行三检制，即对完工产品进行自检、互检和专检。在船舶中间产品制作或设备安装、调试结束后，施工部门经自检、互检合格，质量确认后交由专职检验员检验、认可。

施工项目经专职检验员检验或认可合格后，提交顾客代表或船级社验船师检验，此为报验。在实际的建造过程中，船厂的检验管理模式通常如下。

首先是船厂层面的一级管理，由船厂的质量管理部按职责分工负责质量管理、产品检验和无损检测；二级管理是部门级管理，由船厂所属各生产部门按职责分工负责本部门的质量管理、产品检验；最后是三方共管，即质量管理部、生产部门、项目组三方按职责分工负责本项目的质量管理和产品检验。

2. 检验的依据

（1）图样和技术文件。

（2）入级规范，有关公约、规则和标准。

（3）经批准的技术协议。

3. 产品交验的条件

（1）规定的制造工艺已全部结束，产品清理完毕，环境整洁，安全、照明、通风条件良好。

（2）经自检、互检合格和/或质量确认合格。

（3）按规定需提交的试验、测量数据记录。

（4）提供检定合格、精度满足规定要求的检测计量器具。

（5）施工技术资料准备齐全。

4. 产品质量交验

（1）生产班组填写“产品质量交验票”，写清船名、产品名称、图号、自检数据及情况、自评级别，交验责任者和互检者签字，然后交专检人员。

（2）检验后检验人员应在“产品质量交验票”上填写检验结论和质量等级，并在交验票上签字。

（3）“产品质量交验票”由专检人员妥善保管。

5. 报验条件

（1）报验项目已经由专职检验人员检验合格或认可，检验中发现的不合格缺陷已经全部纠正。

（2）报验的系统和设备已按报验清单的要求完成，凡规定有专用试验程序的项目，已按试验程序进行试验。

（3）报验前应备好检定合格、精度满足规定要求的检测工具，以及图样、工艺资料、测试记录。

（4）施工负责人/项目组的建造经理应做好报验的组织准备工作，以便对报验中提出的问题及时组织消除。

（5）报验场所必须清洁，有必要的照明和安全保护设施。

6. 质量管理的组织

（1）实行质量确认制度。实行质量记录追溯手段，真正做到谁施工谁负责、谁检验谁负责、谁管理谁负责，以保证质量过程控制的真实性、有效性和可靠性及产品质量的可追溯性，对于重要工序和环节，编制质量确认表。

（2）焊接实名制。焊接实名制要求施工人员在焊缝边缘标注施工单位、焊工姓名、焊工证号、焊接日期。通过该项管理方式，将焊接指标考核到个人。

（3）实行质量网格化管理。把整个施工场所划分为若干区域，确定区域的施工负责人、技术负责人、检验负责人，明确每个人的区域管理职能，使每个区域都有专人管理，促使责任真正落实到个人。

（4）建立现场三级管理制度。本着“谁用工，谁管理”的有效机制，实行以船厂对用工单位的监督工作控制为主，对各施工区域抽检控制为辅，用工单位对所辖施工区域监督控制为主，外协施工队实行内部巡检控制为主的三级管理制度。

7. 不合格品的控制

在检验过程中，如果发现不合格品时，即产品、过程、体系未满足要求，则规定不合格品不投产、不转序、不装配、不交付。

6.4 质量管理的分析工具

质量管理的目的和任务就是搜集和整理生产过程与产品的质量数据，对数据进行分析，厘清造成质量波动和过程变异的原因，并针对主要因素，采取有效措施加以消除，达到稳定和提高产品质量的目的。常见的质量管理分析工具有检查表、分层法、排列图、因果图、直方图、控制图、散布图七种。

在质量管理过程中，需要有目的地收集有关质量数据，并对数据进行归纳、整理、加工、分析，从中获得有关产品质量或生产状态的信息，从而发现产品存在的质量问题以及产生问题的原因，以便对产品的设计、工艺进行改进，以保证和提高产品质量。

6.4.1 检查表

检查表又称调查表、统计分析表等。检查表经常用于记录测量值和关键点计划的文件。检查表是生产中最简单也是使用得最多的工具，它可以系统地收集产品资料、积累信息、确认事实并对数据进行粗略的整理和分析。

以上工作是由精度计划小组和负责具体执行精度控制的人员来完成。检查表是尺寸精度数据收集的基础。这些表单提供了船厂目前水平的精度数据，因此十分关键。另外，部件和分段的检查表提供了必要的信息，即结构件余量的信息和使用这些余量的顺序。

检查表是所有数据的媒介，提供了所测量数据的准确位置并加以记录。检查表的表头包含必要的信息以标识船名、分段、零件和测量时的制造阶段。在使用检查表时最好一个位置一个检查表，而不是在一个简单的表格上混用，不然可能会出现混乱。表单的空白部分可以记录测量时间和所有其他的永久信息数据。

国内某厂的板材加工尺寸自检表详细记录了板材在这个制造阶段的相关信息，如工程编号、所属的分段名称和零件号等最基础的加工信息，如表 6.2 所示。

表 6.2 板材加工尺寸自检表

工程编号：		分段名称：	零件号：
长度 L_1	理论：	宽度 L_2	理论：
	实际：		实际：
对角线 D_1：	对角线 D_2：		D_1-D_2：

精度要求：

（1）长度 L_1：±0.5mm

（2）宽度 L_2：±0.5mm

（3）对角线 D_1-D_2：±1.5mm

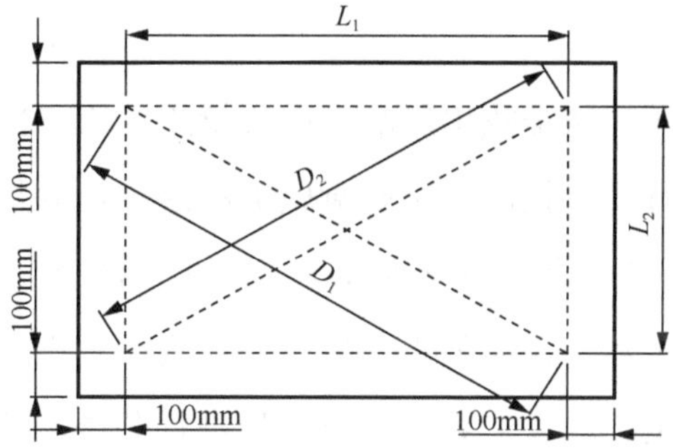

注：对角线仅矩形板测量

生产班组		精度管理		检查日期	

6.4.2 分层法

分层就是把所收集的数据进行合理的分类，把性质相同、在同一生产条件下收集的数据归在一起，把划分的组称为“层”，通过数据分层把错综复杂的影响因素分析清楚。这样，可使数据反映的事实更明显、更突出，便于找出问题，对症下药。如图 6.4 所示是按照 5M1E 的影响因素进行分层。

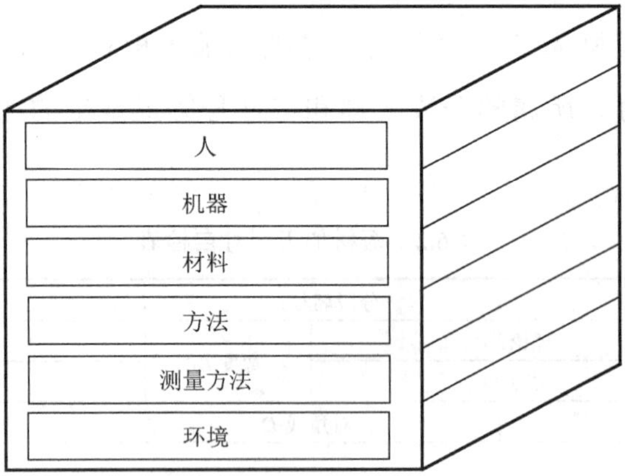

图 6.4　分层法示意

6.4.3　排列图

排列图（帕累托图）法是找出影响产品质量主要因素的一种有效方法。事实上，大部分的问题，只要能找出几个影响较大的因素，并加以处置及控制，就可解决问题的 80%以上。意大利经济学家 V. Pareto 于 1897 年在研究国民所得时发现大部分所得均集中于少数人，而创出此原理。排列图是根据收集的数据，针对不良原因、不良状况发生的现象，系统地对项目进行分类，计算出各项目所产生的数据（如不良率、损失金额）及其所占的比例，再依照大小顺序排列，然后加上累积值的图形。

制作排列图的步骤如下。

（1）确定评价问题的尺度（确定排列图的左纵坐标），一般尺度可取金额、不合格品的件数、时间、人员等。

（2）确定分类项目（确定排列图的横坐标），可取不合格品项目、作业班组、不同工序、设备、车间等。

（3）按分类项目收集数据，整理统计。

（4）计算频数、频率、累计频率（确定排列图的右纵坐标）。

（5）按频数大小顺序作同宽、不等高的频数矩形；累计频率应标在每一项目的右侧，然后从原点开始，点与点之间以直线连接，从而作出帕累托曲线。

（6）作累计频率折线。

（7）确定主要因素、有影响因素和次要因素。

（8）记载排列图标题及数据简历。

例 6.1 某部门对上月油轮分段建造装配精度作出统计，得出影响分段装配精度超差的制造阶段主要有大组立、中组立及小组立等影响因素，现有各阶段所占的统计数据如表 6.3 所示，以此作排列图，如图 6.5 所示。

表 6.3 分段装配精度超差的影响因素统计表

制造阶段	频数	各项目比例/%	
		比率	累计频率
大组立	117	45.9	45.9
中组立	71	27.8	73.7
小组立	44	17.3	91
板切割	10	3.9	94.9
其他	13	5.1	100
合计	255	100	—

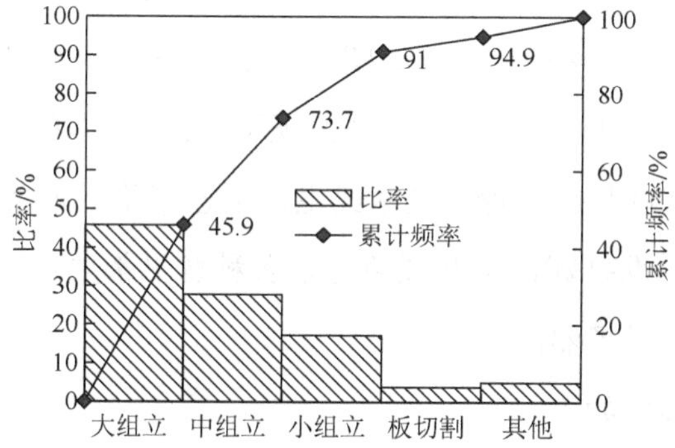

图 6.5 分段精度超差的影响因素排列图

6.4.4 因果图

因果图又叫特性要因图或鱼骨图，它是寻找质量问题产生原因的一种有效工具，是整理和分析影响质量（结果）的各因素之间的一种工具。它形象地表示了探讨问题的思维过程，通过有条理地逐层分析，可以清楚地看出“原因-结果”“手段-目标”的关系，使问题的脉络完全显示出来。其目的是通过把握现状、识别症状、分析原因，寻找措施，促进问题解决。常见的因果图结构如图 6.6 所示。

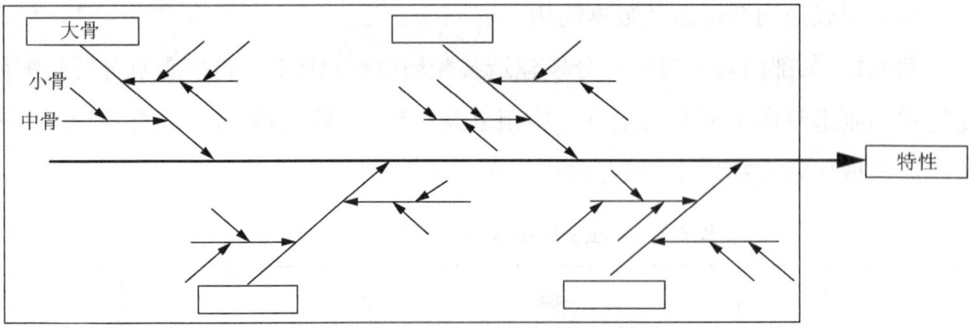

因素（原因）

图 6.6　常见的因果图结构

因果图的显著特点是它包含两个方面：一个是找出原因；另一个是系统整理这些原因。查找原因时，通常从影响产品质量波动的六个因素来进行，即人、机器、材料、方法、测量方法和环境，如图 6.7 所示。每个大原因再具体化成若干个中原因，中原因再具体化为小原因，越细越好，直到可以采取措施为止。

如果进行开放式的积极讨论，技术民主，集思广益，如经典的“头脑风暴法”等，别人发言时，不准打断，不开展争论，各种意见都要记录下来。这样，最后绘制出的因果图则一目了然。

因果图的绘制步骤如下。

（1）确定要研究分析的质量问题和对象（画主干）。

（2）确定造成这个质量问题的因素分类 5M1E（画大枝）。

（3）集思广益，按照相互的隶属关系，从粗到细，逐步深入，直到能够采取解决问题的措施为止（画中枝、小枝）。

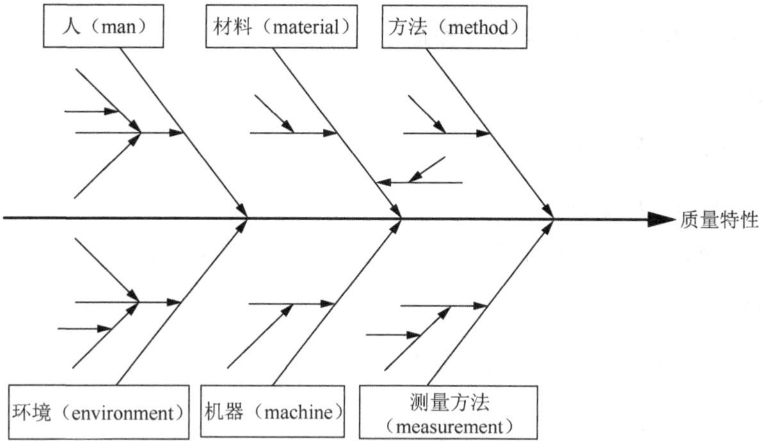

图 6.7 因果图

（4）确定因果图中的主要、关键原因，进行调查研究，验证所确定的主要、关键原因是否找对、找准，以此作为质量改进措施的重点项目。

（5）注明因果图的名称、日期、参加人员、绘制人。

6.4.5 直方图

直方图（histogram）是频数直方图的简称。它是用一系列宽度相等、高度不等的长方形表示数据的图。长方形的宽度表示数据范围的间隔，长方形的高度表示在给定间隔内的数据。

直方图的作用如下。

（1）显示质量波动的状态。

（2）较直观地传递有关过程质量状况的信息。

（3）通过研究质量波动状况，就能掌握过程的状况，从而确定在什么地方集中力量进行质量改进工作。

制作直方图的步骤如下。

（1）收集数据。不应少于 50 个数据。

（2）找出数据中的最大值 x_{max} 和最小值 x_{min} 。

（3）计算极差 $R = x_{max} - x_{min}$ 。

（4）确定组数 $K = 1 + 3.3\lg n$ 。

（5）计算组距 $H=R/K$。

（6）确定组界：第一组下界 $x_{min} - h/2$ ，上界 $x_{min} + h/2$ 。

（7）计算各组中心值 x_i 。

（8）计算频数 f_i ，整理频数分布表。

（9）画直方图。

例 6.2 已知车削某个外圆尺寸为ϕ10mm+0.035mm 的零件，为调查该零件外圆尺寸的分布情况，从加工过程中随机抽取 100 个零件，测得尺寸ϕ10mm+x 中的 x 值如表 6.4 所示。

表 6.4 零件尺寸ϕ10mm+x 中的数据 x （单位：μm）

序号	x	序号	x	序号	x	序号	x	序号	x
1	23	21	16	41	14	61	20	81	27
2	19	22	17	42	17	62	16	82	17
3	26	23	14	43	9	63	11	83	14
4	11	24	17	44	13	64	19	84	17
5	20	25	17	45	20	65	16	85	16
6	11	26	24	46	21	66	27	86	5
7	17	27	20	47	8	67	16	87	17
8	16	28	16	48	14	68	22	88	13
9	14	29	27	49	17	69	16	89	20
10	15	30	15	50	9	70	17	90	8
11	19	31	14	51	8	71	19	91	27
12	22	32	21	52	0	72	9	92	3
13	20	33	14	53	6	73	11	93	12
14	7	34	20	54	9	74	13	94	20
15	10	35	16	55	10	75	19	95	13
16	15	36	15	56	14	76	13	96	25
17	14	37	9	57	16	77	8	97	16
18	7	38	8	58	13	78	5	98	13
19	9	39	16	59	19	79	14	99	29
20	18	40	14	60	18	80	13	100	10

此表共 100 个数据，最大值 29，最小值 0，极差 R 为 29，组数 8，组距 4，下限值 2，从而计算出频数分布表 6.5。根据频数分布表绘制直方图，如图 6.8 所示。

表 6.5 频数分布表

组号	组下限	组上限	组中值	频数记录	频率/%
1	−2	2	0	1	1
2	2	6	4	4	4
3	6	10	8	16	16
4	10	14	12	24	24
5	14	18	16	28	28
6	18	22	20	18	18
7	22	26	24	4	4
8	26	30	28	5	5

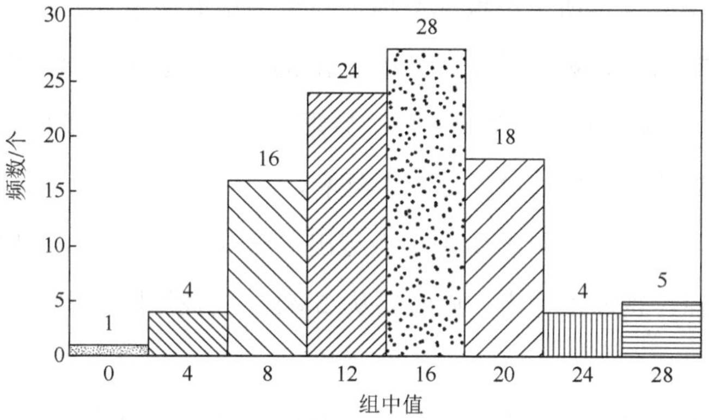

图 6.8 外圆公差值直方图

6.4.6 控制图

控制图法是以控制图的形式，判断和预报生产过程中质量状况是否发生波动的一种常用的质量控制统计方法。它能直接监视生产过程中的过程质量动态，具有稳定生产、保证质量、积极预防的作用。第 1 章 1.2 节已经介绍了控制图的统计学基础理论。在七个质量控制工具中，控制图被称为最有力的工具。

1. 控制图的设计原理

（1）正态性假定。任何生产过程生产出来的产品，其质量特性值总会存在一定程度的波动，当过程稳定或者受控时，这些波动主要是由 5M1E 的微小变化造成的随机误差。此时，绝大多数质量特性值均服从或近似服从正态分布。这一假定称为正态性假定。

（2）3σ 准则。在生产过程中，仅有偶然性误差存在时，质量特性 X 服从正态分布 $N(\mu,\sigma^2)$，则据正态分布的概率性质，有

$$P(\mu-3\sigma \leqslant X < \mu+3\sigma)=99.73\%$$

也即 $(\mu-3\sigma,\ \mu+3\sigma)$ 是 X 的实际取值范围。

（3）小概率原理。所谓小概率原理，即认为小概率事件一般是不会发生的。由 3σ 准则可知，若 X 服从正态分布，则 X 的可能值超出控制界限的可能性只有 0.27%。因此，一般认为它不会超出控制界限。当然，运用小概率原理也可能导致错误，但犯错误的可能性恰恰就是此小概率。

（4）反证法思想。一旦控制图上点越出界限或其他小概率事件发生，则怀疑原生产过程失控，也即不稳定，此时要从 5M1E 去找原因，看是否发生了显著性变化。

控制图有很多种，在实践中根据质量数据通常可分为计量型数据的控制图和计数型数据的控制图。

（1）计量型数据的控制图：①均值-极差图（$\bar{X}$-R 图）；②均值-标准差图（$\bar{X}$-s 图）；③单值-移动极差图（I-MR 图）。

（2）计数型数据的控制图：①不合格品率图（p 图）；②不合格品数图（np 图）；③不合格数图（c 图）；④单位产品不合格数图（u 图）。

这里只简要介绍计量型数据的均值-极差控制图。关于控制图的内容非常丰富，有兴趣的读者可以参考更专业的书籍[2,4]。

2. 均值-极差控制图

控制图是判别生产过程是否处于控制状态的一种手段，利用它可以区分质量波动是由偶然原因引起的还是由系统原因引起的。

（1）分析判断生产过程的稳定性，从而使生产过程处于统计控制状态。

（2）及时发现生产过程中的异常现象和变异，预防不合格品发生。

（3）查明生产设备和工艺装备的实际精度，以便做出正确的技术决定。

（4）为评定产品质量提供依据。

图 6.9 是控制图的实施循环流程图。

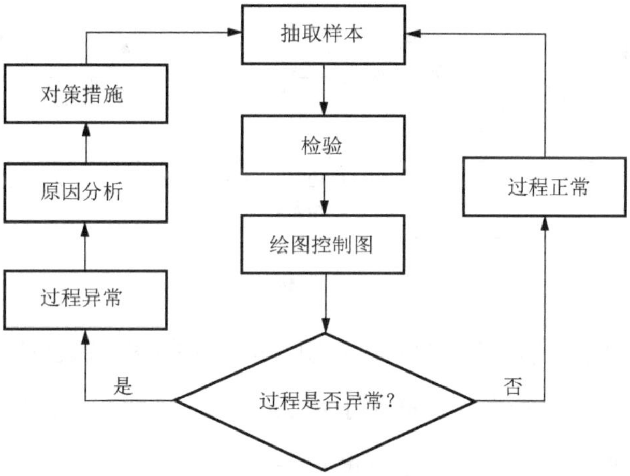

图 6.9　控制图的实施循环流程图

控制图的基本格式包括两个部分：标题部分和控制图部分，如图 6.10 所示为均值-极差控制图示例。

产品名称		车间		设备编号	
质量特性		规定日产量		操作员	
观测方法		抽样	间隔		
规格界限			数量		
规范编号		测量仪及编号		检验员	
生产过程质量要求					

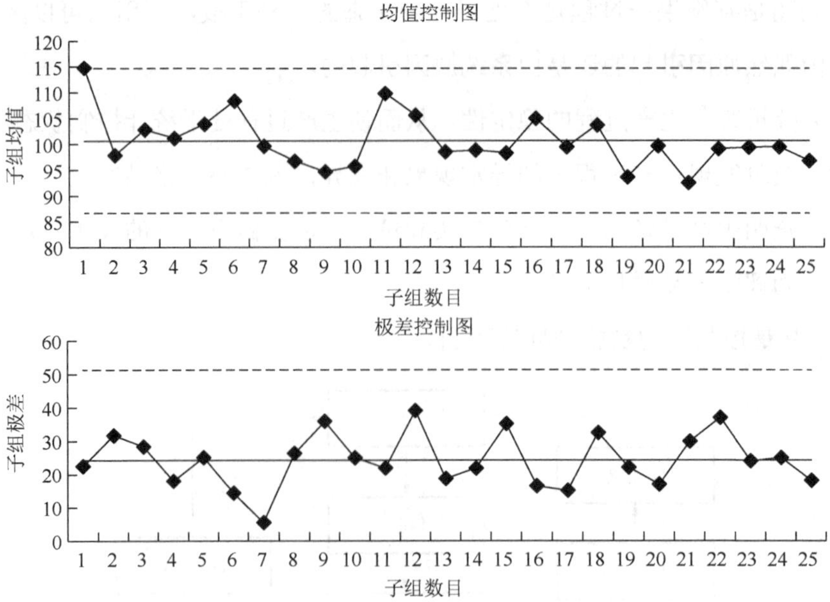

图 6.10　均值-极差控制图

$\bar{X}$-R 图是 $\bar{X}$ 图（均值控制图）和 R 图（极差控制图）联合使用的一种控制图，两张图必须画在同一页纸上，这样便于对照分析。$\bar{X}$ 图在上，R 图在下，纵轴在同一直线上，横轴相互平行，并且刻度对齐。

$\bar{X}$ 图主要用于判断生产过程的均值是否处于或保持在所要求的受控状态，R 图用于判断生产过程的标准差是否处于或保持在所要求的受控状态；$\bar{X}$-R 图通常在样本容量较小时使用，是一种最常用的计量值控制图，一般 n=3,4,5,6 为宜。

例 6.3　绘制均值-极差控制图。

（1）收集数据并加以分组。

在 5M1E 充分固定并标准化的情况下，从生产过程中收集数据。表 6.6 是从生产过程中抽取 5 个零件，组成一个大小为 5 的样本，一共收集 25 个样本。一般来说，制作 R 图，每组样本大小 $n \leqslant 10$，组数 $k \geqslant 25$。

表 6.6　均值-极差控制图数据表

子组	1	2	3	4	5
1	115	92	73	84	96
2	99	103	111	97	94
3	109	100	100	95	103
4	91	88	101	113	102
5	114	117	111	93	114
6	82	90	92	106	107
7	101	107	116	86	88
8	105	89	97	107	111
9	106	104	90	91	102
10	97	100	80	107	99
11	103	80	107	117	92
12	94	87	100	122	111
13	89	84	96	76	102
14	115	81	91	95	90
15	102	100	91	104	101
16	90	97	99	100	104
17	94	93	94	87	116
18	99	102	107	106	114
19	107	86	90	85	104
20	107	98	96	85	121
21	118	93	81	90	98
22	106	110	97	99	119
23	122	106	95	74	95
24	98	108	81	91	97
25	113	107	94	103	115

（2）计算每组的样本均值和样本极差：

$$\overline{x}_i = \frac{1}{n}\sum_{j=1}^{n} x_{ij}\ ,\quad i = 1,2,\cdots,k \tag{6.1}$$

$$R_i = \max_{1\leqslant j\leqslant n}\left\{x_{ij}\right\} - \min_{1\leqslant j\leqslant n}\left\{x_{ij}\right\} \tag{6.2}$$

（3）计算全部样本组的平均样本均值和平均样本极差：

$$\overline{\overline{X}} = \frac{1}{n}\sum_{i=1}^{k} \overline{x}_i \tag{6.3}$$

$$\overline{R} = \frac{1}{k}\sum_{i=1}^{k} R_i \tag{6.4}$$

（4）计算控制界限：

$$\overline{x}\text{图}\begin{cases} UCL = \overline{\overline{x}} + A_2\overline{R} \\ CL = \overline{\overline{x}} \\ LCL = \overline{\overline{x}} - A_2\overline{R} \end{cases} \tag{6.5}$$

$$R\text{图}\begin{cases} UCL = D_4\overline{R} \\ CL = \overline{R} \\ LCL = D_3\overline{R} \end{cases} \tag{6.6}$$

A_2, D_3, D_4 均从控制图系数表（表 6.7）中查得：当 n=5 时，A_2=0.577，D_3<0，D_4=2.115。控制图的计算过程见表 6.8。

表 6.7　计量值控制图计算公式中的系数表

n	A_2	D_3	D_4
2	1.880	—	3.267
3	1.023	—	2.575
4	0.729	—	2.282
5	0.577	—	2.115
6	0.483	—	2.004
7	0.419	0.076	1.924
8	0.373	0.136	1.864
9	0.337	0.337	1.816
10	0.308	0.308	1.777

表 6.8 均值-极差控制图计算表

子组	$UCL(\bar{x})$	$\bar{x}$	$\bar{\bar{x}}$	$LCL(\bar{x})$	$UCL(R)$	R	$\bar{R}$	$LCL(R)$
1	115	101	101	87	51	39	24	0
2	115	108	101	87	51	11	24	0
3	115	100	101	87	51	25	24	0
4	115	103	101	87	51	14	24	0
5	115	105	101	87	51	23	24	0
6	115	99	101	87	51	31	24	0
7	115	92	101	87	51	22	24	0
8	115	102	101	87	51	22	24	0
9	115	94	101	87	51	35	24	0
10	115	99	101	87	51	19	24	0
11	115	100	101	87	51	19	24	0
12	115	93	101	87	51	15	24	0
13	115	106	101	87	51	26	24	0
14	115	103	101	87	51	30	24	0
15	115	105	101	87	51	31	24	0
16	115	107	101	87	51	35	24	0
17	115	93	101	87	51	25	24	0
18	115	101	101	87	51	29	24	0
19	115	101	101	87	51	14	24	0
20	115	100	101	87	51	28	24	0
21	115	99	101	87	51	17	24	0
22	115	105	101	87	51	29	24	0
23	115	98	101	87	51	21	24	0
24	115	102	101	87	51	30	24	0
25	115	103	101	87	51	18	24	0

（5）分别作 $\bar{x}$ 图和 R 图，两张图必须画在同一页纸上，如图 6.11 所示。这样以便对照分析。$\bar{x}$ 图在上，R 图在下，纵轴在同一直线上，横轴相互平行，并且刻度对齐。本例由于 R 图的下限为负值，但极差 R 不可能为负值，所以 R 的下控制界限可以省略。

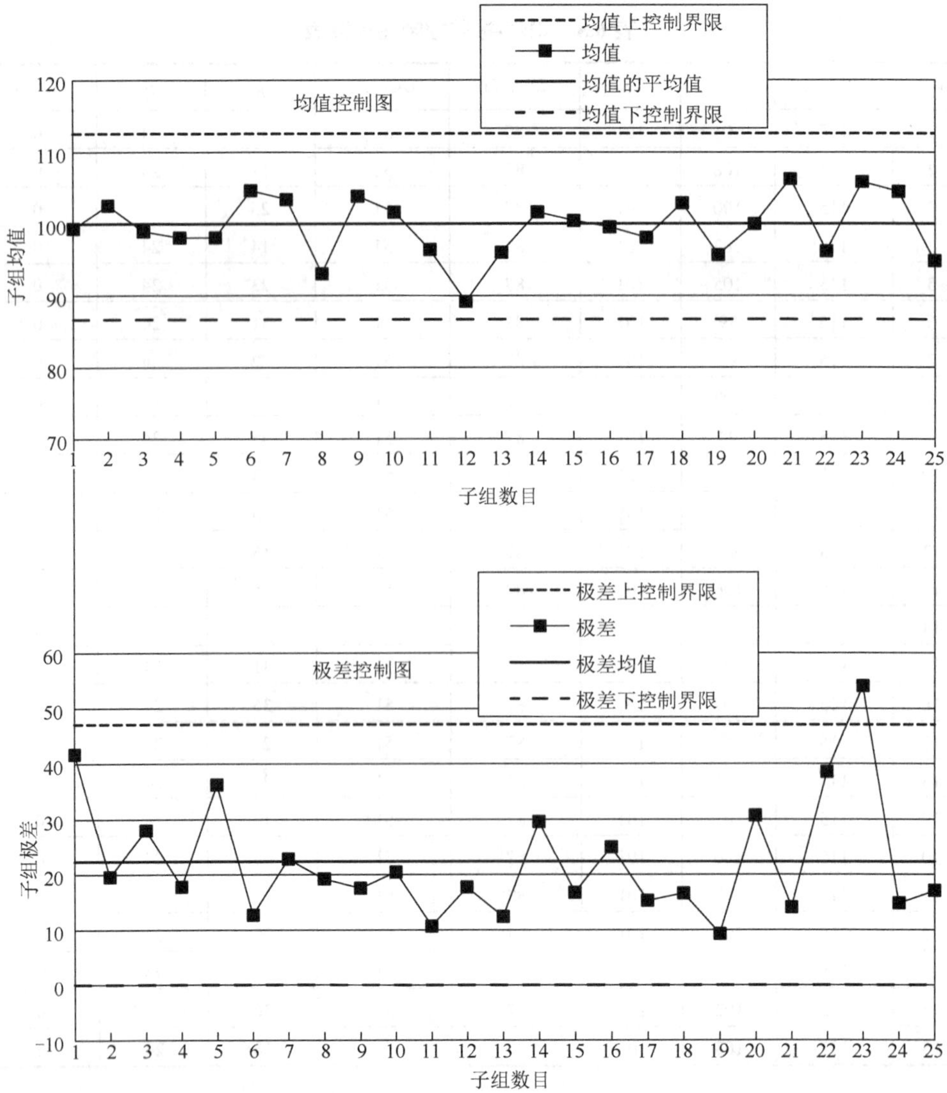

图 6.11　均值-极差控制图

3. 分析用控制图和控制用控制图

分析用控制图主要分析以下两个方面[5]。

（1）分析过程是否处于统计控制状态。

（2）该过程的过程能力指数 C_p 是否满足要求。

利用分析用控制图的判断规则，分析生产过程是否处于统计控制状态。判别准则是由概率理论所制定的用来识别生产过程状态的规则，它是由样本数据形成的样本点位置以及变化趋势对生产过程进行分析和判断，判断生产过程是处于受控还是失控状态。

制定判别准则适宜用二项分布概率的计算公式，其应用条件是：每次试验只有两种结果，即失败或成功，且每次试验是相互独立的。

$$P\{x=k\}=C_k^n p^k(1-p)^{n-k} \tag{6.7}$$

控制图上点的分布满足用二项分布计算概率的条件。例如，一个点不是落在中心线这一侧，就是落在中心线另一侧，只有两种试验结果；而相邻两个点落在哪一侧又是相互独立的。又如，一个点要么落在范围内，要么落在范围外，也只有两种试验结果；而相邻两个点是否落在范围内又是相互独立的。

在统计假设检验中，小概率数值常取 0.05 与 0.01。而在判别控制图中点排列有缺陷的小概率数值标准取 0.01。当在控制图上的所有点全部落在控制界限内，且在控制界限内的点排列无缺陷就判断为生产过程处于受控状态。

分析用控制图的判断规则如下。

（1）绝大多数点在控制界限内：①连续 25 点中没有一点在控制界限外；②连续 35 点中最多有一点在控制界限外；β连续 100 点中最多有两点在控制界限外。

（2）点排列无下述异常现象：①连续 7 点或更多点在中心线同一侧（7 点链）；②连续 7 点或更多点单调上升或单调下降（7 点单调链）；③连续 11 点中至少有

10 点在中心线同一侧；④连续 14 点中至少有 12 点在中心线同一侧；⑤连续 17 点中至少有 14 点在中心线同一侧；⑥连续 20 点中至少有 16 点在中心线同一侧；⑦连续 3 点中至少有两点落在二倍标准差与三倍标准差控制界限之间；⑧连续 7 点中至少有 3 点落在二倍标准差与三倍标准差控制界限之间。

关于过程能力指数 C_p 值或偏过程能力指数 C_{pk} 必须在稳态下计算，1.4 节中已经讲了过程能力指数的概念和计算方法，当得到过程能力指数后，倘若过程质量要求为过程能力指数不小于 1，则显然不满足要求，不能将分析用控制图转化为控制用控制图，应采取措施，提高加工精度。

当过程达到预期状态后，才能将分析用控制图的控制线延长，使其作为控制用控制图。控制用控制图用于对生产过程进行连续监控。按照确定的抽样间隔和样本大小抽取样本，计算统计量数值并在控制图上描点，判断生产过程是否异常。控制用控制图在使用一般时间以后，应根据实际情况对中心线和控制界限进行修改。

6.4.7 散布图

散布图法是指通过分析研究两种因素的数据之间的关系，来控制影响产品质量的相关因素的一种有效方法。有些变量之间存在着相关关系，即这些变量之间既有关系，但又不能由一个变量的数值精确地求出另一个变量的数值。将这两种有关的数据列出，用点打在坐标图上，然后观察这两种因素之间的关系。这种图就称为散布图或相关图，如图 6.12 所示。

从散布图可以了解下列事项。

（1）两变数间有无相关性。

（2）自变量和观测数据之间是直线倾向还是曲线倾向。

（3）数据的分布状态。

（4）有没有异常的离异点。

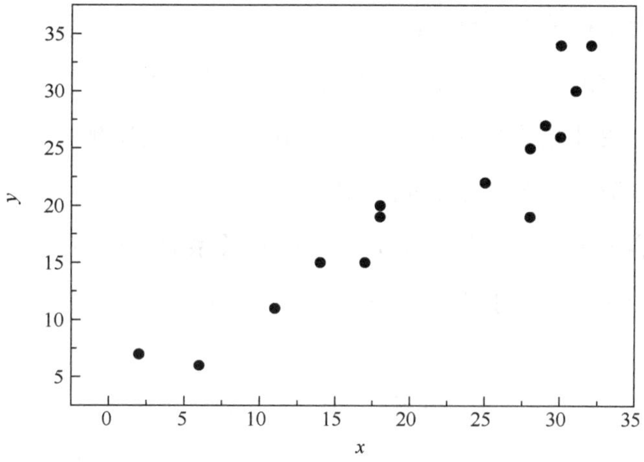

图 6.12 散布图示例

可以计算自变量和观测数据之间的相关系数：

$$r=\frac{\sum_{i=1}^{n}\left(x_i-\overline{x}\right)\left(y_i-\overline{y}\right)}{\sqrt{\sum_{i=1}^{n}\left(x_i-\overline{x}\right)^2\left(y_i-\overline{y}\right)^2}}=\frac{L_{xy}}{L_{xx}L_{yy}} \tag{6.8}$$

用相关系数 r 的数值判断两变量的线性相关性，图 6.12 中 x 和 y 之间的相关系数 r 是 0.934，呈明显的线性相关性。

当 $r=1$ 时，两变量完全正相关。

当 $1>r>0$ 时，两变量正相关（越接近 1，相关性越强；越接近 0，相关性越弱）。

当 $r=0$ 时，两变量无线性相关关系。

当 $0>r>-1$ 时，两变量负相关（越接近−1，相关性越强；越接近 0，相关性越弱）。

当 $r=-1$ 时，两变量完全负相关。

应用散布图的方法如下。

（1）必要时对散布图进行分层处理。

（2）明确检定相关性的范围。

（3）相关系数为零，仅表示两变量无线性相关关系。

（4）对于相关性强的两变量，可进行回归分析，实现预测和诊断。

（5）相关系数 r 受样本容量 n 的影响。

根据样本容量 n 和显著性水平 α 制定的相关系数 r 检验表中给出了规定的相关系数应达到的显著性最小值，作为检验相关系数显著性的依据。

6.5 小 结

造船精度管理的目的和任务就是搜集和整理各造船工序的尺寸数据，对数据进行分析，采取有效的措施进行精度控制。为此，本章阐述了造船质量管理的概念和发展史，并介绍了检查表、分层法、排列图、因果图、直方图、控制图、散布图七种质量管理工具。

参考文献

[1] 马林．日本的质量经营[M]. 北京：中国经济出版社，2009.

[2] 栗山良员, 矢田敏夫. 焊接结构的质量保证[M]. 展玉全, 译. 北京: 国防工业出版社, 1987.

[3] 杨军, 丁文兴, 马小兵, 等. 统计质量控制[M]. 北京: 中国标准出版社, 2012.

[4] 胡建明. 运用 PDCA 循环提高造船自动焊质量[J]. 造船技术. 1997（1）: 14-16.

[5] 张维铭. 统计质量控制理论与应用[M]. 杭州: 浙江大学出版社, 1992.